Autoconsciência, aceitação e o princípio do encorajamento

Autoconsciência, aceitação e o princípio do encorajamento

Pensar, sentir e agir como uma nova pessoa em apenas 8 semanas

Lynn Lott, M.A., M.M.F.T.
Barbara Mendenhall, M.A., M.F.T.

Tradução de Fernanda Lee e Fabiana Nogueira Neves

Manole

Título original em inglês: *Do it Yourself Therapy – how to think, feel, and act like a new person in just 8 weeks.*
Copyright © 2015 by Lynn Lott e Barbara Mendenhall. Todos os direitos reservados.
Publicado mediante acordo com Encouragement Consulting, Califórnia, EUA.

Esta publicação contempla as regras do Novo Acordo Ortográfico da Língua Portuguesa.

Editora-gestora: Sônia Midori Fujiyoshi
Produção editorial: Cláudia Lahr Tetzlaff

Tradução:

Fernanda Lee
Mestre em Educação, treinadora certificada em Disciplina Positiva para pais e professores,
membro e conselheira internacional do corpo diretivo da Positive Discipline Association (PDA),
fundadora da Disciplina Positiva no Brasil
www.disciplinapositiva.com.br | www.facebook.com/disciplinapositivaoficial

Fabiana Nogueira Neves
Mestre em Comunicação, educadora certificada em Disciplina Positiva para pais, professsores e
casais. Membro fundadora da PDA Brasil. Fundadora e sócia do Mater Sapiens – centro de
instrução e prática em Disciplina Positiva

Revisão de tradução e revisão de prova: Depto. editorial da Editora Manole
Diagramação: Anna Yue
Ilustrações: Paula Gray
Capa: Ricardo Yoshiaki Nitta Rodrigues
Imagem da capa: istockphoto

CIP-BRASIL. CATALOGAÇÃO NA PUBLICAÇÃO
SINDICATO NACIONAL DOS EDITORES DE LIVROS, RJ

L897a

Lott, Lynn
    Autoconsciência, aceitação e o princípio do encorajamento : pensar, sentir e agir
como uma nova pessoa em apenas 8 semanas / Lynn Lott, Barbara Mendenhall ;
tradução Fernanda Lee, Fabiana Nogueira Neves. - 1. ed. - Barueri [SP] : Manole, 2019.
    224 p. : il. : 22 cm.

    Tradução de: Do it yourself therapy : how to think, feel, and act like a new
person in just 8 weeks
    ISBN 9788520461013

    1. Motivação (Psicologia). 2. Autoconsciência. 3. Autorrealização. I. Mendenhall,
Barbara. II. Lee, Fernanda. III. Neves, Fabiana Nogueira. IV. Título.

19-57997   CDD: 158.1
           CDU: 159.923.2

Vanessa Mafra Xavier Salgado - Bibliotecária - CRB-7/6644

Todos os direitos reservados.
Nenhuma parte deste livro poderá ser reproduzida, por qualquer processo, sem a permissão
expressa dos editores.
É proibida a reprodução por fotocópia.
A Editora Manole é filiada à ABDR – Associação Brasileira de Direitos Reprográficos.

Os nomes e as características dos pais e crianças citados na obra foram modificados a fim de preservar sua
identidade.

Edição brasileira – 2019

Direitos em língua portuguesa adquiridos pela:
Editora Manole Ltda.
Av. Ceci, 672 – Tamboré – 06460-120 – Barueri – SP – Brasil
Fone: (11) 4196-6000 | www.manole.com.br | https:// atendimento.manole.com.br

Impresso no Brasil | *Printed in Brazil*

Para Hal, a pessoa mais encorajadora do meu mundo.
- Lynn

Para Rick, Jess, Ben e Lynn, por me ajudarem a aprender a caminhar em sintonia com o que falo, para que eu pudesse ensinar os outros a fazerem a mesma coisa.
- Barbara

SUMÁRIO

Sobre as autoras   ix
Agradecimentos   xi
Introdução: Não é magia – é ação!   xiii

Semana 1	Você pode mudar, se assim desejar 1
Semana 2	Como você se tornou você – Natureza? Criação? Não! 23
Semana 3	Como você se tornou você – O que seus irmãos têm a ver com isso? 39
Semana 4	O seu comportamento está operando a seu favor? 57
Semana 5	Tartarugas, águias, camaleões e leões – Oh, céus! 79
Semana 6	Encontre o "tesouro" escondido nas suas memórias de infância 105
Semana 7	Como pensar, sentir e agir como uma nova pessoa 127
Semana 8	O cuidado e a manutenção de relacionamentos saudáveis 157
Conclusão	Não há linha de chegada 187
Anexo 1	Atividades de conscientização e planos de ação 193
Anexo 2	Livros e materiais para ajudar você a ser bem-sucedido como um consultor em encorajamento e Disciplina Positiva 197

Índice remissivo   199

SOBRE AS AUTORAS

Lynn Lott, M.A., M.M.F.T., é uma palestrante internacionalmente conhecida, autora, consultora em encorajamento e especialista em Disciplina Positiva. Possui mestrado em aconselhamento conjugal e de família pela University of San Francisco e mestrado em psicologia pela Sonoma State University.

Lynn trabalha em consultório particular desde 1978, ajudando pais, casais e indivíduos com uma infinidade de questões pessoais e de relacionamento. Sua fama é a de uma pessoa que chega ao coração do problema para ajudar seus clientes a aprenderem sobre si mesmos, descobrir como resolver problemas e tornar os momentos difíceis melhores.

É autora de 20 livros, incluindo vários da bem-sucedida série sobre Disciplina Positiva, e tem atuado em todas as partes dos Estados Unidos e Canadá com a Disciplina Positiva. Também fundou e dirigiu o Family Education Center e o Summerfield Counseling and Educational Services, serviu como membro do California State Advisory Board for Drug Prevention Programs e trabalhou como professora associada na Sonoma State University, onde lecionou nos cursos de enfermagem, psicologia, aconselhamento e educação. Algumas das organizações para as quais Lynn prestou consultoria incluem Kaiser Permanente, North American Society of Adlerian Psychologists, Sonoma County Foundation, Bureau of Indian Affairs e Office of Criminal Justice.

Em 2014, Lynn investiu três semanas facilitando cursos na China e, atualmente, trabalha com vários clientes na Europa e na Ásia. Ela divide seu tempo entre a Califórnia e a Flórida.

Barbara Mendenhall, M.A., M.F.T., tem praticado encorajamento por mais de 30 anos. Em 1983, como mãe de primeira viagem, ela conheceu Lynn Lott no Family Education Center (FEC), em Petaluma, Califórnia. No FEC, ela se conectou a conceitos e práticas transformadores, que modificaram não apenas suas competências parentais, como também todos os seus outros relacionamentos e sua perspectiva de vida. Inspirada a se tornar uma educadora parental, ela serviu como voluntária, treinadora, facilitadora e, finalmente, como diretora executiva no FEC até 1997.

Ao conquistar o título de mestre em aconselhamento conjugal e de família pela University of San Francisco, em 1989, Barbara tornou-se licenciada e manteve um consultório particular em Sonoma County por 15 anos. Na Sonoma State University, na University of California San Diego e no Santa Rosa Junior College, assim como no FEC, ela ensinou a pais, professores e terapeutas como criar relacionamentos e ambientes encorajadores em casa, no trabalho e na sala de aula. Também trabalhou como diretora de aconselhamento e prevenção no Petaluma People Services Center de 2001 a 2006. Em 2007, Barbara mudou-se para San Diego com seu futuro marido e uniu-se ao Jewish Family Service de San Diego como consultora externa.

Além de contribuir em numerosos artigos sobre parentalidade, relacionamentos e psicoterapia adleriana em publicações locais e nacionais, o primeiro livro de Barbara, a edição original de *Autoconsciência, aceitação e o princípio do encorajamento*, em coautoria com Lynn Lott e Riki Intner, foi publicada em 1990 pela Career Press. Ela está especialmente feliz em completar a edição atualizada desta obra revolucionária.

AGRADECIMENTOS

Há muito mais pessoas que contribuíram na construção deste livro do que somos capazes de agradecer. Somos gratas a todas vocês, e queremos mencionar, em particular:

- Riki Intner, nosso coautor, que ajudou a conceber e a escrever a primeira edição desta obra.
- Nossos muitos pacientes, familiares e amigos, por nos ensinarem tanto ao mesmo tempo em que aprendiam a usar este material, por nos ajudarem a desenvolver e refinar seu uso e apresentação e por nos permitirem usar suas histórias para ajudar outras pessoas ao mostrar o quanto amadureceram e mudaram utilizando essas técnicas.
- Rachel Bailey, por nos dar o pontapé inicial e realizar tantas sugestões maravilhosas para alterações, incluindo a importância dos planos de ação assim como das atividades de conscientização.
- Paula Gray, cujas ilustrações dão vida ao livro e nos entretêm toda vez que olhamos para elas. Paula, você é fantástica.
- Todos os parceiros encorajadores que Lynn conheceu na China, que estão famintos por essas informações e nos incentivaram na revisão deste material. Mr. Zhen, agradecemos por nos inspirar com seu interesse em publicar nosso livro. Alicia Wang, obrigada por ser nossa amiga, colega e a pessoa mais encorajadora de todas. Agradecemos aos novos consultores

em encorajamento na China (Flora, Kathy, Brian e Amy) e àqueles que se formarão em nossos treinamentos.

- Nossa editora, Laura Mangels, que corrigiu nossos erros e nos agradeceu pela oportunidade de editar um livro com o qual ela aprendeu tanto (agradecemos também a Kelly Mills, que nos recomendou a Laura).
- Ken Ainge, que criou todos os novos arquivos de modo que não precisássemos digitar novamente um livro inteiro.
- Shary Adams, que mais uma vez nos socorreu e nos auxiliou a formatar um material desafiador.
- Jessica Amen, que alegremente ofereceu ajuda técnica.
- June Clark, que organizou nosso manuscrito de um jeito que nunca imaginamos que seria possível.
- Barbara Mendenhall, que virou sua vida (e sua casa também) de cabeça para baixo para que pudéssemos concluir este livro em tempo hábil. (Barbara e Rick, além do fato de serem inteligentes, tecnologicamente experientes e talentosos, vocês conseguem cozinhar e nos animar como o melhor dos restaurantes.)
- Lynn Lott, que acredita que, se vamos viver uma vida suficientemente longa, podemos transformar este mundo em um lugar encorajador para todos.

INTRODUÇÃO:
NÃO É MAGIA - É AÇÃO!

Você pode realmente mudar a sua vida em oito semanas? Sim, você pode. Para cada pessoa, há o ponto da virada. Esses pontos de virada são os momentos em que você se torna uma nova pessoa comprometida com o crescimento – quando você decide encorajar-se em vez de continuar afundando em comportamentos desencorajadores. A leitura de *Autoconsciência, aceitação e o princípio do encorajamento* pode ser um desses pontos de virada para você. Sua vida pode mudar, quer você se dedique a cada capítulo e atividade do seu modo, quer você escolha aqueles que mais o atraiam.

Uma vez que você começa a mudar, notará que as pessoas ao seu redor frequentemente querem algo que você possui. A notícia animadora é que você estará preparado para ajudar os outros a serem mais encorajadores consigo mesmos também. Você se tornará o que chamamos de consultor em encorajamento para si mesmo e para os outros.

O que fazem os consultores em encorajamento? Eles inspiram a si e aos outros com coragem. Eles focam no esforço e no progresso. Eles convidam as pessoas a mudarem por si mesmas. Eles ajudam a si e aos outros a "criar novamente" as suas crianças interiores. Eles aprendem estratégias que estão embasadas no respeito. Eles também aprendem como encontrar soluções para problemas reais.

Você não precisa ir à faculdade e frequentar um monte de cursos para fazer isso (caso fazer faculdade seja o que você quer, então vá). Você não tem que colecionar vários certificados (porém, para alguns, colecionar certificados é confortador). O que você realmente precisa é aprender fazendo, adotando um modelo de encorajamento para si e para os outros. Vamos conduzir você por essas etapas.

Os quatro passos do processo de mudança

Quando você se torna um consultor em encorajamento para si e para os outros, você está ajudando pessoas a mudarem. Mudanças não acontecem da noite para o dia. Há quatro passos envolvidos na transformação do desencorajamento para o encorajamento: *desejo, conscientização, aceitação* e *escolhas*. Mesmo que alguém lhe diga que você precisa de ajuda, ou que você precisa mudar, nada realmente acontece até que você tenha o desejo de tornar a sua vida melhor. Se você ler um livro (incluindo este), assistir a uma aula, unir-se a um grupo, procurar o telefone de um programa de 12 passos, ligar para um terapeuta ou simplesmente disser a outra pessoa que quer fazer algumas mudanças, você está no passo um: *desejo*.

Muitas vezes conversamos com nossos pacientes sobre o segundo passo, *conscientização*, em termos de "A.C." e "D.C.", isto é, "antes da conscientização" e "depois da conscientização". Vivenciar a transição de A.C. para D.C. é como estar em um quarto escuro quando alguém acende as luzes. Até que você esteja consciente e lúcido a respeito de seus padrões de pensamento, sentimento e comportamento, não pode começar a modificá-los.

As pessoas parecem entender a *aceitação*, o terceiro passo, como o mais difícil. A aceitação requer que você separe seus pensamentos, sentimentos e ações de seu autovalor. Você está apto a dizer: "Assim é como (isso, ele, ela, eu, a vida) é. É um fato, não um julgamento, é simplesmente informação". Aceitação envolve focar a realidade (o que é) em vez de enfatizar o passado (o que foi) ou o futuro (o que pode ser). Quando você começa a focar "o que é", você pode parar de comparar, criticar e julgar a si mesmo – ou de pensar que você não vale nada. Quando você ouve a si mesmo dizendo "É o que é", você está na *aceitação*.

Sem aceitação, as transformações são temporárias. Algumas vezes é útil fazer de conta que há uma voz encorajadora sussurrando na sua orelha que você é bom o suficiente sendo apenas como é. Se você se pegar respondendo para essa voz com "sim, mas..." e "apenas se..." ou "eu deveria...", você ainda não chegou lá. Quando você se aceitar como é, começará a se observar agindo em vez de se agredindo. Você notará seu comportamento ineficaz logo após ter feito isso, enquanto estiver acontecendo ou, de vez em quando, assim que estiver prestes a realizá-lo.

A partir daqui, o último passo no processo de transformação acontece naturalmente. Uma vez que você se aceita, começará a descobrir que o mundo está cheio de *escolhas*. À medida que você se concentra menos em seus erros ou em impressionar os outros, estará mais aberto para novos pensamentos e comportamentos.

A árvore da Disciplina Positiva

As ideias deste livro começaram com Alfred Adler e Rudolf Dreikurs. Jane Nelsen e Lynn Lott trabalharam juntas para ajustá-las, a fim de criar o que é conhecido como Disciplina Positiva (DP). As pessoas ao redor do mundo estudam a DP, e muitas criaram cursos para pais e professores que querem aprender como usar gentileza, firmeza e métodos respeitosos em seus relacionamentos com as crianças. Muitas delas perguntam: "Posso aplicar essas ferramentas em relacionamentos com adultos?". A reposta é um grande SIM! Isso é o que chamamos "DP avançada". Se você estudou DP e aprendeu a exercitá-la com crianças de todas as idades, você está acima da curva para tornar-se um consultor em encorajamento. Se não fez ainda nenhum curso de DP, nós recomendamos enfaticamente que você o faça. Você pode utilizar tudo o que aprendeu e estudou em DP para ajudar sua criança interior a mover-se da dependência para a interdependência. Este livro ensina a você como usar os princípios e habilidades da DP para criar sua criança interior novamente, a fim de melhorar seu relacionamento com parceiros, familiares, colegas e, mais importante, consigo mesmo.

Para entender melhor onde esse paradigma do encorajamento teve origem, observe a árvore a seguir:

Autoconsciência, aceitação e o princípio do encorajamento

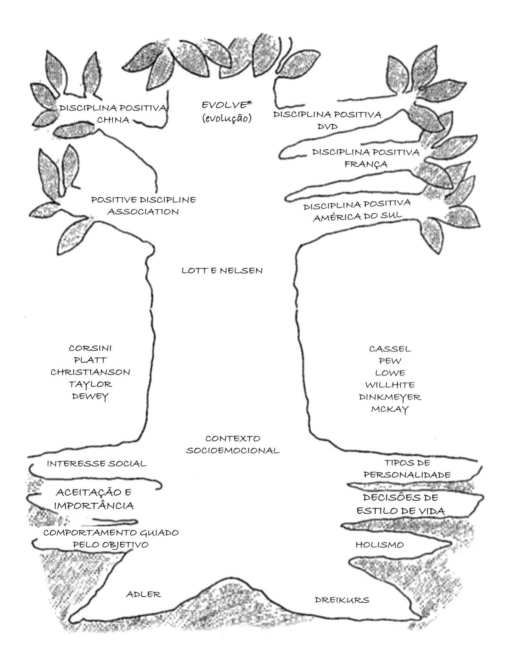

* N.T.: Na época em que o livro foi escrito, Lynn tinha ideias e sonhos. Ao longo dos anos, o projeto tomou outros rumos.

Vamos começar pelas raízes da árvore. Adler e Dreikurs ensinaram sobre empatia, aceitação e importância, comportamento guiado pelo objetivo, aprendizado social e emocional, e um modelo de crescimento baseado no respeito mútuo. Respeito mútuo refere-se a respeitar a si, os outros e as necessidade da situação. Tanto Adler como Dreikurs eram fortes adeptos de ajudar o público em geral a aprender habilidades para o que eles chamavam de "existência democrática". Além de darem palestras e fazerem demonstrações públicas, eles incentivavam outros a fazerem o mesmo. Eles aperfeiçoaram um método de resolução de problemas chamado "Família em foco", que se tornou extremamente popular entre os praticantes Adlerianos.

Adler e Dreikurs tiveram muitos colegas e alunos que os ajudaram a desenvolver e compartilhar suas ideias, sobretudo as pioneiras Jane Nelsen e Lynn Lott. Você perceberá que Jane e Lynn formam o núcleo do tronco da árvore da Disciplina Positiva. Entre elas, Lott e Nelsen modificaram o modelo "Família em foco", transformando-o em um processo que outros poderiam seguir. Elas nomearam esses passos como "Pais ajudam pais a resolverem problemas" (e "Professores ajudam professores a resolverem problemas"). Quem estuda a Disciplina Positiva está familiarizado com esse modelo e utiliza-o para ajudar outras pessoas a resolverem problemas específicos.

Jane Nelsen e Lynn Lott criaram uma série de *workshops*, produtos e cursos e cofundaram o que se conhece hoje como Disciplina Positiva. No momento em que escrevemos este livro (2014), a Disciplina Positiva é disseminada em 55 países. Muitos dos vários alunos e colegas de Dreikurs que influenciaram Nelsen e Lott aparecem em ambos os lados do tronco da árvore.

O topo da árvore é muito efusivo e crescente a cada dia. Não é exagero dizer que há mais de uma centena de organizações divulgando as ideias de Adler/Dreikurs/DP, incluindo a Positive Discipline Association, Disciplina Positiva China, Disciplina Positiva França e Evolve. Nós esperamos que muitos de vocês que estão lendo este livro adicionem suas organizações ao topo daquela árvore.

O modelo da doença *versus* o modelo de desconforto

Este livro está dividido em oito semanas. Cada semana acrescentará ferramentas em sua caixa de autoajuda para que você tenha sucesso. Você aprenderá um modelo que esclarece como a vida funciona e o que fazer quando isso não acontece. Você aprenderá que pequenas mudanças da sua parte podem trazer mudanças muito grandes nos outros. Realizar isso pode exigir uma mudança de paradigma de um modelo de doença para um modelo de desconforto.

Aqui está um exemplo de como esses dois modelos são diferentes: Você já se escutou falando consigo mesmo ou já ouviu os outros dizendo "minha ansiedade" ou "minha depressão"? O quanto isso é diferente de "Eu me sinto ansioso" ou "Eu me sinto deprimido" (ou desesperançoso, desamparado ou infeliz)? Quando você pensa que tem uma doença ou uma condição que está fora do seu controle, ou é passada de geração a geração, provavelmente você se sente desesperançoso, ou talvez até preocupado com a possibilidade de passar essa doença para o resto da sua família. Essa é a linguagem do modelo da "doença" que prevalece hoje. Essa "doença" precisa ser diagnosticada, rotulada e, às vezes, medicada para melhorar.

De modo a criar esperança e cura como um consultor em encorajamento, nós recomendamos que você ajude a si e aos outros a identificar sentimentos no lugar de referir-se a diagnósticos. No minuto em que você está pronto para dizer: "Eu sinto ansiedade" (ou desânimo, desesperança ou desamparo), normalmente há uma solução disponível. Provavelmente você gostaria de se sentir diferente, mas o desconforto dos sentimentos incômodos não está atrelado a ter uma doença. Trata-se de encontrar um caminho para o encorajamento.

Saia do jardim da infância emocional

Todos nós tomamos uma série de decisões quando éramos crianças. Não tínhamos consciência de que estávamos fazendo isso ou que estávamos acumulando isso, mas nós fizemos as duas coisas. Essas decisões iniciais se tornaram nossas "crenças básicas", ou "lógica pessoal". Não é o que aconteceu na sua vida que definiu a sua personalidade, mas o que você, consciente ou inconscientemente, decidiu sobre aqueles eventos e circunstâncias. Muitas dessas decisões foram tomadas na primeira infância, antes dos cinco anos. Imagine sair para um passeio de carro com uma criança de 5 anos ao volante. A maioria de nós está vivendo a vida adulta desse jeito. Você se surpreenderia ao descobrir o quanto essa criança interior influencia você.

Este livro o ajudará a sair desse "jardim da infância" de uma vez por todas. À medida que você ler muitas das histórias escritas aqui, começará a perceber como as crenças básicas inconscientes que as pessoas formaram na primeira infância estão dirigindo sua vida agora. Consultores em encorajamento aprendem como acessar essas crianças interiores e como reorientá-las para que possam crescer.

Muitas dessas crianças interiores estão presas na mentalidade "preto ou branco", certas de que só há duas opções para qualquer situação colocada, provavelmente perdendo centenas de opções que poderiam trazer paz ou resolução para as questões presentes. O pensamento "preto ou branco" faz essas crianças se sentirem presas e travadas, incapazes de seguir em frente. Este é o momento de procurar pelo "cinza". Encontrar o cinza tende a ser mais fácil quando se está compartilhando sua situação com alguém que tem um ponto de vista diferente do seu.

Uma das autoras fez uma viagem sozinha. Todo fim de tarde, quando parava em um acampamento para passar a noite, ela passava muito tempo procurando um lugar que tivesse uma mesa de piquenique próxima a uma fonte de energia, de modo que ela pudesse usar o computador. Algumas vezes ela conseguia arrastar aquela mesa pesada até a tomada, mas, na maioria das vezes, ela ficava dirigindo em círculos até encontrar um lugar em que a mesa e a tomada estivessem lado a lado. Quando ela reclamou com o marido sobre como esse momento era difícil, ele deu risada e perguntou: "Por que você não compra uma extensão?" A sugestão pegou-a de surpresa, já que aquela solução tão simples e óbvia não tinha passado pela sua cabeça. Quando você está preso entre a cruz e a espada, contar para alguém o que está pensando e perguntar se essa pessoa tem alguma ideia diferente pode ajudar bastante. Certamente, também haverá uma "extensão" bem ali na esquina para você.

Algumas pessoas podem pensar que nossa abordagem é simplista. Não deixe que isso atrapalhe você. Sugerimos que deixe de lado o julgamento enquanto lê este livro. Em vez de olhar para este material como positivo ou negativo, certo ou errado, bom ou ruim, trate-o como uma informação interessante que pode ajudá--lo a seguir em frente na sua vida.

Aprendizado vivencial é a chave

Como sabemos que as pessoas aprendem melhor quando vivenciam atividades do que quando leem ou participam de palestras, há um intenso componente vivencial neste livro. Toda semana vamos apresentar "atividades de conscientização" e "planos de ação" para ajudar você a aprender mais sobre si mesmo e sobre os outros.

Para extrair o máximo deste livro e se tornar um consultor em encorajamento para si e para os demais, anote suas respostas em um caderno. Quer você prefira fazer isso no seu computador ou em um caderno de sua escolha, você descobrirá que manter um registro por escrito lhe ajudará a desenvolver-se mais rapidamente. Criar um diário ajudará a vivenciar o que você aprender em seu corpo, não apenas em sua mente. Você também terá um registro de seu crescimento, de maneira que possa se lembrar das transformações pelas quais passou. Voltar atrás e ler o que você escreveu é encorajador. É também um lembrete para quando você quiser ajudar outras pessoas a se sentirem ou agirem melhor, esse é um processo passo a passo. Mudanças não acontecem em um único dia.

Atividade de conscientização: como os estilos parentais impactam sua criança interior

Você se lembra de quando tinha entre 5 e 10 anos de idade? Por um momento, faça de conta que você é uma criança nessa faixa etária. Escreva sua idade. Preste atenção ao que você está pensando, sentindo e decidindo ao imaginar-se ouvindo cada uma das afirmações seguintes e anote suas observações. Você pode se surpreender com algumas

O QUE EU ACREDITO SOBRE MIM?

de suas respostas. Se você cresceu recebendo muitos elogios, pode ter se tornado um viciado em elogios e amar quando os outros o elogiam. Se cresceu recebendo muitas críticas, você pode ter se tornado imune a isso porque aprendeu a bloquear. Se você quiser criar novamente sua criança interior utilizando a Disciplina Positiva, vai precisar dar algum tempo para essa criança interior acostumar-se com a linguagem do encorajamento.

- Frase crítica: "Você elevou suas notas de D para C, mas da próxima vez eu espero ver A."
- Frase com elogio: "Estou tão orgulhosa de você! Veja como suas notas melhoraram! Você de fato me deixa muito feliz quando vai tão bem na escola!"

Introdução: Não é magia – é ação!

- Frase encorajadora: "Eu vi seu boletim. Parece que toda sua dedicação ao estudo foi realmente recompensada. Você deve estar bastante satisfeito."

Ou que tal estas afirmações?

- Frase crítica: "Seu quarto é uma bagunça. Eu sei que você pode fazer como a sua irmã e mantê-lo arrumado."
- Frase com elogio: "Veja só o seu quarto! Eu sabia que você era a criança mais organizada da nossa família!"
- Frase encorajadora: "Eu percebi que você arrumou o seu quarto. Eu aposto que fica mais fácil para você encontrar as coisas. Também é mais agradável quando quero entrar e ler histórias com você."

Por fim, que tal estas?

- Frase crítica: "Você precisa parar com essa obsessão por aquele gato morto! Até parece que você realmente cuidava bem dele."
- Frase com elogio: "Oh, não se preocupe mais com aquele gato, querida. Você é tão boa em erguer a cabeça e seguir em frente com a sua vida."
- Frase encorajadora: "Sinto muito pelo que aconteceu com seu gato – você gostava dele como um membro da família. Deve ser um momento bem difícil para você."

Plano de ação: use encorajamento para conversar com sua criança interior nesta semana

Preste atenção quando estiver criticando ou elogiando sua criança interior, e perceba o impacto. Encontre sua terapeuta interior e peça-lhe para usar um estilo encorajador com você (ou com os outros).

Plano de ação: encorajamento para começar

Abra mão de soluções rápidas. Este não é um livro de soluções instantâneas, ainda que você se surpreenda diante de quantas dificuldades desaparecem à medida que você o lê e faz as atividades. Não há de fato uma pílula mágica para ajudar você a encorajar-se e a encorajar os outros. Esse é um processo passo a passo. Leia os capítulos, escreva no seu caderno e compartilhe as atividades com os outros para que você possa praticá-las enquanto os encoraja no processo.

Pratique e aprenda enquanto avança, começando agora. Não espere até se tornar um especialista. Use o que você está aprendendo neste livro semanalmente para ajudar outras pessoas a aprenderem e a se desenvolverem. Comece um grupo de encorajamento ou, se você ministra cursos de educação parental, ofereça seus serviços para aqueles que querem uma ajuda a mais em seus relacionamentos adultos. Já está ansioso? Este é um sinal claro de que você precisa respirar fundo e dar o primeiro passo para tornar-se o consultor em encorajamento que está destinado a ser.

Mudar é um processo. Nosso plano de oito semanas ajuda você a começar um padrão de autoempoderamento que o leve a relacionamentos mais saudáveis à medida que você transforma sua vida e a de outras pessoas. Você precisa apenas confiar no processo e seguir em frente, um passo de cada vez, no seu próprio ritmo. Permita-se ser um aprendiz, expandindo seu desenvolvimento passo a passo. Libere-se da pressão e honre seu ritmo e seu estilo para fazer as mudanças em sua vida.

SEMANA

1

VOCÊ PODE MUDAR, SE ASSIM DESEJAR

Começar pelo começo

Você gostaria de receber primeiro a boa ou a má notícia? Como dissemos na Introdução, a boa notícia é que sim, você pode mudar. Aqui está a má notícia – até que você realmente compreenda e, mais importante, até que *aceite o que é*, seus esforços e sonhos sobre mudança estão destinados ao fracasso. Como você leu na Introdução, aceitação é o terceiro passo no processo de transformação. É também a chave para mudanças reais e duradouras, tanto para você como para aqueles que você está ajudando como um consultor em encorajamento.

Veja o diagrama abaixo. Quando você entender este diagrama, estará preparado para consultá-lo, a fim de ajudar a si mesmo e os outros.

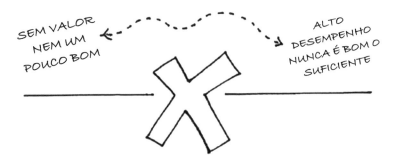

A linha representa sua vida, e você está no X quando nasce. Você é bom o suficiente exatamente do jeito que é. Nós queremos ajudá-lo a retornar à simplicidade de ser apenas você. Mas quem é essa pessoa?

Se você for como todos os outros seres humanos, em algum momento da vida tomou uma decisão errônea de julgar que você não era bom o suficiente. Esse é um ponto bastante desconfortável de se estar. Ninguém gosta de se sentir "menos que". Pense naquele lugar como um ponto diminutivo. Note o sinal de menos no diagrama. Algumas pessoas chamam esse menos de "depressão". Outros o interpretam como baixa autoestima. Seja lá como você nomeia ou vivencia isso, esse é um lugar onde ninguém gosta de estar, então é da natureza humana tentar compensar as deficiências percebidas, indo na direção oposta, tentando alcançar o que você imagina ser o lado "mais". Nós chamamos isso de supercompensação.

Você, bem como as pessoas a quem quer encorajar, surge com ideias sobre como poderia ser bom o suficiente. O "mais" está aonde você pensou que precisaria ir para provar a si mesmo. Talvez você tenha pensado que, se fosse forte, ou esperto, ou divertido, ou inteligente, ou alegre, ou prestativo, seria bom o suficiente. Ainda que não haja nada de errado com essas características, elas se tornam um problema quando você pensa nelas como requisitos necessários para evitar se sentir "menos". Algumas pessoas chamam esse "mais" de "ansiedade". Outras o chamam de comportamento obsessivo ou de grandeza.

Quer você esteja em um, quer esteja em outro extremo da linha, ainda está muito longe de ser quem você é. Quanto mais você supercompensa – como representado pela linha curva – mais se afasta do seu verdadeiro eu. Ficar indo e voltando entre o menos e o mais, repetidamente, é exaustivo.

Aqui está uma atividade que pode ajudá-lo a entrar em contato com um momento da sua vida em que você pensou que estava no menos, mas descobriu como alcançar o mais. Não se esqueça de pegar o seu caderno ou abrir o arquivo do computador para escrever suas respostas. Como dissemos na Introdução, se você realmente quer estar preparado para encorajar os outros, você precisa fazer esta atividade sozinho primeiro. Isso não apenas ajudará você a criar novamente sua criança interior de modo a sentir-se mais encorajado, como também lhe dará uma compreensão mais profunda do impacto da atividade para quando você utilizá-la com outras pessoas. Alguns de vocês talvez queiram praticar esta atividade com amigos ou pessoas interessadas em tornar-se consultores em encorajamento também. Não há substituto para a prática quando se está aprendendo uma nova habilidade.

Atividade de conscientização: quando sua autoestima foi danificada

1. Lembre-se de um momento em que você se sentiu triste, desapontado, ferido ou envergonhado, e sua autoestima estava prejudicada. Escreva em um caderno, incluindo sua idade na época, o que aconteceu, como você se sentiu e o que decidiu sobre si mesmo. Pense nesse momento como seu ponto "menos".
2. Agora veja se consegue descobrir o que você tentou para supercompensar e sentir-se bom o suficiente. Você pode ter se comportado de diversas maneiras. Escreva-as e pense nelas como seu ponto "mais". Quando você se comportava dessa maneira, como se sentia e o que pensava sobre si mesmo? Registre isso também.
3. Você consegue chegar ao X? E se você pudesse ser somente você e aceitar-se do jeito que é sem precisar provar coisa alguma? O que você pensaria? Sentiria? Faria? Anote.

As pessoas vêm nos procurar porque estão presas em um extremo da linha ou em outro, ou estão enlouquecendo, pulando para lá e para cá entre o menos e o mais. Algumas pessoas dizem que estão sempre deprimidas ou tristes. Algumas estão tendo crises de ansiedade, receosas de não conseguirem manter sua imagem ou seu mérito. Muitas estão em relacionamentos que não estão funcionando, ou querem ajudar seus filhos. O habitual questionamento "O que há de errado comigo (ou com meu marido/meu filho/meu parceiro/minha vida – você complementa o restante da frase)?" é o que ouvimos repetidamente.

No esforço para ajudar as pessoas, nós as convidamos a modificar seu foco do que está "errado" para o que elas podem fazer e como podem mudar. Seria maravilhoso se você pudesse balançar uma varinha mágica sobre os outros e fazê-los mudar também, entretanto, mudanças reais e duradouras começam com você.

Nós mostramos às pessoas desencorajadas como compreender a conexão entre seus pensamentos, sentimentos e comportamentos. Ensinamos a elas ferramentas de navegação para aprimorarem sua qualidade de vida, e trabalhamos para a conscientização, a aceitação e a implementação de seus planos de ação a fim de trazer-lhes paz e felicidade.

A aceitação ajudará você a começar a crescer para além dos pontos de bloqueio e realizar mudanças permanentes.

Algumas pessoas lidam melhor com a mudança ao tentar novos comportamentos. Se você é desse grupo, as histórias e atividades neste livro lhe ajudarão a dar um pequeno passo de cada vez. Outras têm mais êxito na mudança ao praticar novas maneiras de pensar. Enquanto altera seus pensamentos *conscientes,* pode ser útil e efetivo mergulhar mais profundamente para encontrar e modificar pensamentos sobre os quais você sequer tem consciência e que podem trazer transformações duradouras. Encontrar esses pensamentos subconscientes é um trabalho revelador e estimulante, e nós mostraremos a você como fazer isso neste livro. Ao mudar seus pensamentos ou seus comportamentos, você muda seus sentimentos. O resultado final é que você compreende e aceita a si mesmo e aos demais, e pode vivenciar paz e alegria. Você precisa escolher o ritmo e o processo que sejam confortáveis para você. Não há apenas um jeito certo para mudar.

Até que você esteja ciente das crenças ocultas que criou enquanto criança, você tenderá a utilizar seus antigos comportamentos para resolver problemas. Muitos daqueles comportamentos talvez precisem ser atualizados para que você possa pensar e agir de maneira diferente.

Vamos retomar aquela criança que você conheceu na Introdução – a criança que vive dentro de você e que está "dirigindo o carro", ou governando sua vida, especialmente quando você está estressado. Quando chateada, a criança se comporta de um modo que, provavelmente, foi adotado no início da vida e que, de acordo com sua lógica, parecia funcionar. Pense naquela criança malcomportada como um *iceberg*. O comportamento é a parte que você pode ver. Como no caso do *iceberg*, se você lidar apenas com o que você vê, terá problemas à frente. Abaixo da superfície estão as crenças básicas da criança, tanto conscientes como inconscientes. Nós as chamamos de "lógica pessoal" ou "decisões". Decisões geram energia que chamamos "sentimentos", e os sentimentos também estão abaixo da superfície, muitas vezes escondidos até mesmo da consciência da criança. Sem ferramentas adicionais, você pode apenas imaginar o que está acontecendo sob a superfície. A atividade seguinte oferece a você uma compreensão mais profunda do poder da criança interior.

Atividade de conscientização: sua criança interior é quem dá as ordens?

1. Pense em um momento quando você era criança e se sentiu preocupado, assustado, zangado, ferido, desesperançoso. Anote o que aconteceu em seu caderno ou computador. Registre sua idade na época.
2. O que você acha que poderia ter decidido naquele momento? Anote. Como aquela pequena pessoa tentou solucionar o problema?
3. Agora pense em um momento recente em que você se sentiu do mesmo jeito quando era criança. Escreva.
4. O que você estava decidindo naquele momento? Registre.
5. Você usou a mesma solução que aplicou quando criança ou aprimorou suas habilidades de solução de problemas?
6. Anote o que aprendeu sobre si mesmo. Não se preocupe se ainda estiver utilizando as mesmas habilidades para resolver problemas de quando era criança. Neste momento, conscientização é a chave. As mudanças podem vir mais tarde.

Seguem algumas histórias sobre como três pessoas estão permitindo que suas crianças interiores deem as ordens. Sem revelar suas crenças da infância ou perceber seus comportamentos ineficientes, elas não estavam preparadas para fazer mudanças ou ter um senso de poder e controle sobre suas vidas. Elas esperavam que as outras pessoas mudassem, ou buscavam um terapeuta que lhes desse uma pílula para o seu "desequilíbrio químico".

Jimmy estava chateado com seu chefe, que não parecia valorizar seu trabalho e esforço. Jimmy trabalhava duro, e quando seu chefe não dizia nada sobre seu trabalho, ele se dedicava mais duro e por mais horas. Quando seu chefe parecia não perceber, Jimmy reclamou com seus amigos, porém trabalhou mais horas no seu dia. Naturalmente, isso não resolveu o problema.

Quando era criança, quando Jimmy não entendia alguma coisa na escola e queria a ajuda da professora, em vez de perguntar – o que provavelmente ele acharia vergonhoso –, ele apenas dedicava mais tempo à tarefa e depois reclamava que ninguém o havia ajudado. Sua decisão inconsciente de quando tinha 5 anos foi que os outros não eram prestativos e que ele, portanto, deveria apenas trabalhar mais duro. O Jimmy crescido não apenas não percebeu o que decidiu, como também não atualizou sua decisão de 5 anos, mesmo sendo um adulto agora. Daí ele continuou a resolver seus problemas aos 40 anos com sua lógica de 5.

Nikki queria ser escolhida para ser a coelhinha da Páscoa na festa da escola. Ela imaginou que seria divertido vestir a fantasia com as lindas orelhas e cauda felpuda, e entregar os doces da sua cesta com cores vibrantes para todos. No dia em que as crianças se candidataram para a as tarefas da festa, Nikki estava em casa, muito gripada. Quando ela retornou à escola e viu a lista das crianças escolhidas para as diversas funções na festa, percebeu que uma pessoa havia sido escolhida para ser a coelha da Páscoa. Ela se sentou na cadeira e chorou tanto que sua professora a encaminhou para a enfermaria. Sentindo-se ferida e envergonhada, Nikki disse à enfermeira que não estava se sentindo bem e que queria ir para casa.

Seus pais a buscaram. Ela ficou muitos dias em casa sentindo-se doente. Finalmente, seus pais a levaram de volta para a escola, sem nunca descobrir o que realmente havia aborrecido sua filha. Nikki se fixou no seu ressentimento e negou-se a se divertir na celebração de Páscoa. Como adulta, quando as coisas se tornam difíceis, ela se afasta do trabalho, das aulas ou dos amigos porque está "doente". Então ela espera que alguém conserte as coisas e a faça se sentir melhor, mesmo que ninguém saiba de fato o que está acontecendo com ela. Nikki acha que todo mundo deveria saber por que ela está realmente chateada e fazer algo a respeito disso.

Bella era a caçula de três filhos. Ela queria ser a chefe, mas seu irmão Gian era cinco anos mais velho e não estava disposto a abrir mão do seu posto de comandante. Não demorou muito para Bella perceber que, se ela chorasse, reclamasse e gritasse, um dos pais viria correndo e repreenderia, daria um sermão ou puniria Gian, acusando-o de maltratar sua irmãzinha. Ele seria mandado para seu quarto, deixando Bella com sua irmã, a filha do meio, um ano mais velha. A irmã do meio era uma criança do tipo "viva e deixe viver", que ficava feliz quando alguém estava no comando, então ela deixava Bella mandar como quisesse. As meninas brincavam pacificamente quando estavam somente as duas. Quando Bella cresceu, ela chefiava o próprio negócio e era poderosa e bem-sucedida. Mas quando tinha que trabalhar junto com outras pessoas que também gostavam de comandar, ela sacava suas habilidades infantis de colocar os outros em apuros e de fazer o "competidor" sofrer ou desaparecer. Com frequência ela reclamava por não ter muitos amigos e sentir-se sobrecarregada por ter que fazer tudo sozinha. Ela pouco percebeu que precisava substituir suas habilidades de 5 anos por maneiras mais respeitosas de se relacionar.

Assim como Jimmy, Nikki e Bella, se a vida não atende às suas expectativas, você vivencia o estresse. Quanto maior for o abismo entre seu ideal sobre como a vida *deveria ser* e como a vida *realmente é*, maior será o estresse. Quanto mais estressado você estiver, mais tenderá a recorrer às suas decisões de infância e ao comportamento que você aperfeiçoou quando era criança, mas que não atualizou à medida que cresceu. Você lerá muito a respeito disso ao longo do livro.

Crie novamente sua criança interior

Você agora tem a chance de criar novamente sua criança interior. Este livro é sobre fazer uma escolha para obter controle consciente sobre sua vida. É sobre tornar-se seu próprio consultor em encorajamento, à medida que recria, educa, treina e regula a si mesmo enquanto constrói habilidades e foca soluções.

Enquanto você avança no livro, perceberá que nosso foco é diferente dos muitos modelos de autoajuda existentes. Nós não ajudamos você a procurar uma causa, circunstância, pessoa ou desordem psicológica para culpar por seus problemas. Em vez disso, ajudamos você a reconhecer como os problemas estão enraizados, principalmente, na qualidade dos seus relacionamentos, incluindo o mais importante de todos – o que você tem consigo mesmo.

Plano de ação: palavras de encorajamento

Para muitas pessoas, a conscientização é suficiente para gerar mudança. Para outras, isso ajuda a "elaborar" um plano. Se você for uma dessas pessoas, faça a atividade a seguir, e procure todos os planos de ação presentes neste livro.

1. Pense em um número entre 1 e 18.
2. Pense em uma memória quando você tinha essa idade. Agora, dirija sua atenção para *um* momento quando você tinha essa idade e lembre-se de alguma coisa que aconteceu. (Você pode inventar uma história se não lhe ocorrer nenhuma lembrança específica.)
3. Nessa memória ou história, o que essa criança estava pensando, sentindo e fazendo?
4. Faça de conta que essa criança (sim, sua criança interior) está sentada ao seu lado em um sofá. Você pode oferecer para essa criança algumas palavras adultas de encorajamento? Quais seriam essas palavras? Isso pode ajudar sua criança interior a aprimorar habilidades para lidar com as situações.
5. Escreva as palavras de encorajamento que você deu para sua criança interior e diga-as a si mesmo em uma situação em tempo real nesta semana, quando você poderia se beneficiar da voz da experiência.

Rick fez essa atividade e escolheu o número nove. Sua lembrança foi sobre um menino de 9 anos correndo ao redor de uma área de piquenique, no escuro, divertindo-se muito. Ele tinha uma energia sem fim. No momento dessa memória, ele estava *pensando:* "Isso é tão divertido, e eu tenho tanta energia e eu sinto como se pudesse correr feito o vento. Estou praticamente voando sobre o chão." Ele estava se *sentindo* eufórico e exaltado, como se tivesse uma energia infinita e pudesse correr sem sentir cansaço ou perder o fôlego. O que ele estava *fazendo* era correr e correr ao redor. Quando ele imaginou sua criança interior sentada ao seu lado no sofá, ele disse a ela: "Você realmente se diverte correndo por aí e sendo radical, não é? Isso deve ser muito legal."

Na semana seguinte, Rick olhou sua lista de coisas para fazer com 25 páginas e se sentiu cansado e sobrecarregado. Ele se lembrou do exercício e disse para si, em voz alta, as palavras que havia escrito: "Você realmente se diverte correndo por aí e sendo radical, não é? Isso deve ser muito legal." Ele se perguntou como isso poderia ajudá-lo. Então, disse a si mesmo: "Quando me sinto sobrecarregado, eu fico irritável e perco energia."

Ele percebeu que a lembrança estava relacionada ao seu desejo de como a vida *poderia* ser, e pensou como a vida *deveria* ser. Então ele fez a seguinte reflexão: "Mas eu me encontro aqui neste momento", o que o levou a perceber que ele poderia dar um passo atrás e colocar sua situação em perspectiva, considerando a qualidade total de sua vida e bem-estar. Isso resultou em pensamentos como: "Isso tudo é só trabalho, é só um emprego, não é quem eu sou, e não é minha vida inteira. Eu posso relaxar, sair para uma caminhada, ir à academia e comer um chocolate!." E ele se sentiu muito melhor.

Descanse e dê um tempo – permita-se ser um aprendiz

Você provavelmente não aprendeu como mudar sua vida em casa ou na escola. Você pode não ter sido exposto a essa informação como adulto. Frequentemente, as pessoas na nossa sociedade estão procurando por soluções rápidas. Não há soluções imediatas – não há uma coisa que vá modificar tudo instantaneamente. Em vez disso, você pode trabalhar para adquirir uma compreensão mais profunda sobre como a qualidade da sua vida depende, acima de tudo, da saúde e satisfação em todos os seus relacionamentos – inclusive na sua relação consigo mesmo.

Você é uma pessoa complexa e levou anos para formar a sua personalidade. Mudar é um processo. Este livro ajudará você a começar um padrão de autoempoderamento que servirá para transformar sua vida e seus relacionamentos. Você precisa apenas confiar no processo e seguir em frente, um passo de cada vez, no seu próprio ritmo. Quando você chegar ao final, será o piloto da sua própria vida. (E sua criança interior estará, apropriadamente, sentada no lugar do passageiro.)

Até onde sabemos, ninguém vai ao terapeuta e diz: "Eu me sinto ótimo. Minha vida está perfeita. Eu vim apenas fazer uma visita." Mudanças não acontecem quando tudo está correndo bem. As pessoas partem em busca de mudança quando elas não gostam da forma como as coisas estão indo, ou como estão se sentindo, ou como alguém está se comportando.

À medida que lê este livro, você estará bastante envolvido no processo de mudança. Não fique travado nos cinco obstáculos da mudança. Eles são distrações que vão atrasar você.

Os cinco obstáculos da mudança

1. Procurar maneiras de mudar os outros.
2. Receber um diagnóstico e uma medicação compatível como se procurasse uma cura milagrosa.

Autoconsciência, aceitação e o princípio do encorajamento

3. Continuar a fazer as coisas que nunca funcionaram no passado, pensando que, se você insistir nelas por tempo suficiente, acabarão funcionando.
4. Comparar-se com os outros.
5. Preocupar-se com problemas que você não tem.

Para que possa mudar a sua vida, você precisa estar disposto a trabalhar para mudar a si mesmo. Você não precisa passar o resto da vida se sentindo vitimizado ou impotente. Mudar a si mesmo provoca milagres à primeira vista – todo mundo age e se sente melhor, e você também. As pessoas na sua vida, incluindo você, se sentirão esperançosas e menos desencorajadas. Você se lembra quando entrou no jardim da infância? Você estava apenas começando e não havia expectativas. Nós gostaríamos que você adotasse a mesma atitude sobre mudar a si mesmo agora. Você está exatamente onde deveria estar: no começo. Permita-se ser um iniciante e um aprendiz, expandindo seu crescimento passo a passo. Lembre a si mesmo de que você é bom o suficiente do jeito que é, e que seu senso de autovalor não está condicionado a quão perfeita ou rapidamente você muda. Deixe de lado essa pressão. Honre seu ritmo e estilo pessoais de transformar a sua vida.

Atividade de conscientização: qual é o meu melhor jeito para mudar?

Pense em uma coisa que você mudou em sua vida e escreva sobre isso. Depois, leia o que escreveu e veja se consegue identificar se você começou mudando seus pensamentos, seus sentimentos ou suas atitudes. Perceba como a mudança em uma dessas áreas afetou a mudança de outras. Faça anotações para si próprio sobre como fazer mudanças e o que funciona melhor para você.

Sophie escreveu que ela, antigamente, sentia-se ameaçada e intimidada por uma colega. Recentemente, no entanto, ela estava se sentindo muito mais amigável em relação a ela, e estava gostando mais da sua companhia. Como isso aconteceu? Quando refletiu sobre o assunto, lembrou-se de um momento em que ela alterou o foco de esperar que a colega mudasse para o que ela mesma poderia fazer para agir de modo diferente. Ela percebeu que suas reações eram muito defensivas e que ela não estava feliz daquela maneira. Decidiu substituir a atitude defensiva pela curiosidade. Mesmo que ela não tivesse sucesso o tempo todo, reconhecia que estava fazendo progresso. Ao mudar primeiro seus pensamentos, Sophie estava preparada para modificar suas ações, notando quando estava defensiva e tentando novamente ser mais curiosa. Ela gostava de como estava se sentindo e estava animada para continuar assim.

Pensamentos, sentimentos e ações estão interconectados. Provocar mudanças em uma dessas áreas mudará as demais também. É assim que a terapia funciona. Quando você modifica suas atitudes, seus pensamentos sobre si mesmo se modificam. Quando você se sentir melhor, agirá melhor. Se você se encontrar desencorajado porque a mudança não está acontecendo tão rápido como gostaria, lembre-se de que, na terapia, mudar é um processo, não um destino. Não há linha de chegada, então a sua alternativa está em como fazer a jornada. Recomendamos dar pequenos passos, encorajando a si mesmo, e se dando um tapinha nas costas por seus esforços. Os resultados serão melhores do que se você esperasse que o mundo ao seu redor mudasse.

Não importa qual seja o seu estilo de mudança, em algum momento você precisará testar suas novas habilidades no mundo real. Encontre tempo para colocar em prática e treinar as sugestões que você encontrará neste livro. Nós não cansaremos de reforçar – tudo que você pratica, você aprimora.

Atividade de conscientização: mudar ou não mudar? Pergunte aos meus polegares!

Faça essa simples experiência para ver por si mesmo o quão desafiador pode ser mudar e como a prática diária é importante. Feche suas mãos, entrelaçando os dedos, e veja qual dos seus polegares está por cima. Agora, separe as mãos e junte-as novamente com o polegar oposto por cima. Mantenha essa posição por um minuto e perceba o que está acontecendo em seu corpo.

Você está desconfortável? Você quer retornar à posição inicial e mais familiar? Esse mesmo desconforto e tendência a retornar ao que já é conhecido vai, provavelmente, surgir quando você começar a seguir as sugestões deste livro. Não se preocupe. São apenas os seus impulsos cerebrais e padrões arraigados tentando dialogar com seu novo desejo.

Plano de ação: afirmativo? negativo?

Você pode transformar essa experiência em um plano de ação, trocando o cruzamento dos seus dedos algumas vezes ao longo do dia. Fazer isso servirá não só para lembrar-lhe do esforço que é necessário para mudar, como também lhe ajudará a perceber que você pode melhorar em qualquer coisa que pratique.

A história de Robert é um bom exemplo de como promover mudanças no seu próprio ritmo. Ele sofria por sentir-se desajeitado e era bem tímido em reuniões sociais. Quanto mais constrangido e ansioso ele se sentia, mais quieto ele ficava. Quando ele finalmente falava, gaguejava e ficava procurando as palavras corretas até que todos pareciam perder o interesse na conversa. Ele tinha certeza de que, quando as pessoas o interrompiam, mudavam de assunto ou saíam para se servirem de canapés, era porque elas estavam entediadas com ele. Robert queria se sentir relaxado e incluído em situações sociais. Afinal de contas, esperava-se que ele se fizesse presente nas frequentes reuniões da equipe.

À medida que Robert começou a prestar atenção em seus pensamentos, ele se pegou cogitando que não era tão capaz como os outros em eventos sociais, e isso o fazia se sentir ansioso. Ele viu que estava se comparando aos outros e que isso estava acabando com sua própria diversão porque ficava pensando que não estava à altura. Sua crença era de que todos os outros estavam confiantes e somente ele ficava nervoso. Nunca lhe ocorreu que os demais poderiam estar tão desconfortáveis quanto ele, ou que eles gerenciavam seu desconforto de maneira diferente. Já que ele nunca havia prestado atenção às suas percepções, a única opinião e o único conselho que ele recebia vinham dele mesmo. Esse engano mantinha-o preso em seus padrões de crença equivocados.

Robert decidiu agir e checar suas crenças em vez de ficar remoendo essas ideias em sua cabeça. Um dia ele se virou para seu parceiro de handebol, Ted, um colega de trabalho que ele via conversando muito nos eventos da empresa, e perguntou como ele conseguia ficar sempre tão à vontade. Ted riu. Ele disse que ele e sua esposa tiveram uma conversa sobre isso recentemente. Sua esposa havia observado que, quando Ted ficava nervoso e alerta em festas, ele tagarelava e monopolizava as conversas. Entretanto, quando a esposa de Ted ficava ansiosa, ela ficava próxima à mesa do *buffet* e beliscava a noite toda, coisa que nunca fazia em casa.

Robert ficou espantado ao saber que algumas das pessoas que pareciam menos ansiosas estavam tão pouco à vontade quanto ele. Ao tomar consciência de que nem todo mundo era tão confiante como parecia, Robert sentiu-se mais calmo. Ele viu que estava equivocado ao presumir que as atitudes dos outros eram provocadas por algo que ele dissera ou fizera e que, em vez disso, as pessoas estavam provavelmente apenas representando seu próprio desconforto.

Ted ajudou Robert ainda mais ao contar a ele sobre alguns truques que aprendeu ao longo dos anos para lidar melhor com encontros sociais. Por exemplo, ele explicou que, se conseguisse perceber antes de começar a tagarelar, ele poderia prestar atenção e demonstrar interesse pelo que os outros tinham a dizer. Então, ele poderia se manter curioso e fazer perguntas. Ted explicou que a maioria das pessoas realmente gosta de falar sobre si mesma. Quando ele se lembrava de dar aos outros a oportunidade de se expressarem, em geral se sentia mais relaxado. As conversas fluíam com mais naturalidade, e ele ficava sinceramente interessado no que as outras pessoas estavam pensando e sentindo, em vez de ficar preocupado com a opinião dos outros sobre ele.

Robert levou a sério os "segredos" que Ted compartilhou, e, à medida que se esforçava para mudar a si mesmo, ele se sentiu mais encorajado. Ele não era capaz de mudar sua vida social da noite para o dia. (Lembre-se daqueles polegares.) Não é assim que a mudança acontece para Robert ou para qualquer outra pessoa. Mudança é um processo contínuo.

Mudar pode ser difícil

Muitas vezes mudar implica dar dois passos para a frente e um para trás. Pense na mudança em termos de aprendizagem como se fosse uma nova língua, um esporte ou um instrumento musical. A princípio, você se sente esquisito e desconfortável, e é difícil perceber algum progresso. Mais tarde, você consegue notar algum progresso realizado, mas ainda precisa se concentrar em cada movimento que realiza. Somente depois de muita prática é que a nova habilidade parece natural.

Se você for como a maioria das pessoas, talvez pense que não é justo ter que trabalhar tão duro para mudar. É apenas humano desejar que os outros mudem primeiro. Todos nós fazemos corpo mole quando se trata de realizar alguma coisa verdadeiramente construtiva que fará a nossa vida funcionar melhor. Alguns chamam esse processo de não querer mudar a "resistência", mas nós preferimos chamar isso de "natureza humana". Velhos hábitos e padrões de crenças são difíceis de quebrar.

Uma diferença entre adultos e crianças é que as crianças são científicas. Elas tentam alguma coisa e, se não funciona, elas tentam outra coisa. Os adultos, por sua vez, tentarão algo e, se não funcionar, eles farão a mesma coisa de novo e de novo, na esperança de chegar a um resultado diferente. Se o adulto estiver tentando mudar uma pessoa, ele pode dar um breve sermão dizendo: "Eu já te disse uma vez, eu te falei mil vezes", ou "Quantas vezes eu tenho que te mostrar como..." Os adultos não apenas acumulam anos de prática repetindo padrões que não funcionam, eles também podem ter muito a ganhar se mantendo do jeito que são, exatamente como Don.

Don era a criança na família que carregava a reputação de nunca comer vegetais ou frutas. Ele ganhava muita atenção por recusar-se a comer alguns alimentos, e logo sua lista de comidas "proibidas" ficou cada vez mais longa. Por fim, sua família referia-se a ele como "Comedor mais seletivo do mundo". Don não estava nem perto de desistir desse título facilmente – por uma razão qualquer, isso fez com que ele se sentisse especial e importante. Ele relatou que quando saiu de casa para fazer faculdade e ninguém se importava com o que ele comia, ou se comia, tornou-se mais fácil para ele experimentar novos alimentos. No entanto, romper com esse hábito em sua casa era bastante difícil. Sua família estava tão acostumada a brincar com ele a respeito de seus hábitos alimentares que continuaram mesmo quando Don já havia modificado seus modos.

Suas mudanças impactam todos

Somente porque você decidiu mudar não significa que as pessoas a sua volta se sentirão confortáveis quando você agir de forma diferente. Elas podem tentar fazê-lo retomar seus velhos comportamentos para aliviar o desconforto ou o medo delas. Elas podem inclusive tornar a tarefa difícil para você fazendo críticas, fazendo complôs pelas suas costas, ou usando chantagem emocional, abuso sentimental ou ameaças. Algumas vezes você pode pensar que seria mais fácil retomar seus antigos hábitos porque os outros não estão felizes ou não estão realizando suas próprias mudanças de forma rápida o suficiente. Quando as pessoas ao seu redor ficarem desconfortáveis ao seu lado, mantenha-se firme quanto ao mal-estar delas. Só porque você está mudando, isso não significa que todas as outras pessoas estarão felizes com isso ou desejarão mudar também. A única pessoa que você pode mudar é você mesmo. Quanto mais persistir em melhorar suas habilidades e atitudes, mais atrairá eventuais aceitações e mudanças positivas dos outros.

No caso de Don, ele lembrou a si mesmo que não ficaria sempre à vontade com as mudanças, especialmente quando se tratava de comportar-se de modo diferente na frente de sua família, mas ele se permitiu continuar nesse movimento, apesar de toda a atenção que recebeu. Ele se parabenizou por praticar seus novos pensamentos, sentimentos e ações. Ele percebeu que poderia ficar mais forte treinando longe de casa antes de testar a nova postura perto de sua família. Em algum momento, os membros de sua família pararam de implicar e ajustaram suas expectativas, uma vez que perceberam que nenhuma "reação" estava vindo de Don.

Atividade de conscientização: rótulos da infância

Quais eram alguns dos rótulos que você tinha quando era criança? Escreva-os. Como eles deram forma à sua vida? Escreva também. Eles lhe ajudaram a agir melhor ou lhe impediram de seguir em frente? Anote o que significaria para você abrir mão de algum desses rótulos. Elabore algumas hipóteses referentes a como você imagina que os outros ao seu redor teriam agido frente a essa mudança.

Margaret enfrentou a mudança de maneira diferente de Don. Ela sofreu com sua sexualidade por muitos anos, e, após muita reflexão, terapia e experimentação, percebeu que era lésbica. Para ela, isso significou um alívio e também um obstáculo. Ela começou a namorar mulheres e sentiu-se muito melhor consigo mesma, como há anos não se sentia. Ao mesmo tempo, ela se preocupava mais e mais sobre o que dizer aos pais, os quais ela tinha certeza que nunca aceitariam sua preferência em função de suas crenças religiosas.

Enquanto seu pai estava vivo, Margaret não conseguiu abrir-se e dizer-lhe a verdade. Um ano após sua morte, ela decidiu que era hora de ser honesta com sua mãe. Margaret detestava a decepção, estava se sentindo alienada de sua família e queria apresentar Alicia, sua parceria há quase um ano, para a mãe. Ela estava acostumada a proteger a mãe da verdade ou a fingir fazer tudo que os pais queriam para manter a paz. No entanto, depois de se esforçar tanto para abrir-se e ser honesta sobre sua sexualidade, ela não queria e não tinha mais paciência para mentiras e falsidades.

Em uma conversa angustiante, Margaret revelou-se para sua mãe e contou a ela sobre sua parceira. Apesar de saber que seria difícil, Margaret não estava preparada para a resposta que recebeu. Ela pensou que elas estariam preparadas para ter uma conversa, mas, no lugar disso, sua mãe citou a Bíblia e os demônios da homossexualidade, e insistiu que Margaret se afastasse disso.

Em vez de tentar convencer sua mãe a mudar de ideia, ou de recuar ao velho caminho da obediência ou dissimulação, Margaret disse: "Mãe, eu te amo e sei que isso é uma informação muito chocante. Eu não espero que você compreenda ou abrace o que estou contando a você sobre mim, especialmente com tão pouco tempo para processar isso. Mas eu quero que você saiba que, mesmo que eu não vá mudar a minha sexualidade, a porta estará sempre aberta para conversarmos sobre isso e sobre seus sentimentos a respeito. Eu espero que estejamos prontas para continuarmos amigas e passarmos tempo juntas."

Sua mãe pensou por um momento e disse: "Eu realmente preciso de um tempo. Não traga sua amiga para minha festa de aniversário na semana que vem. É muito cedo para mim. Eu amo você e quero continuar perto de você, mas ainda não tenho certeza do que posso fazer. Apenas me dê um tempo."

Aprenda a dar pequenos passos

Margaret compreendeu que, só porque ela mudou, isso não significava que todo mundo a sua volta mudaria também. Ela resistiu à tentação de pensar muito à frente no futuro, estabelecendo objetivos irreais, ou a estar excessivamente presa a um resultado final específico. Ela conhecia essas armadilhas que tornariam a mudança difícil. Mesmo assim, sabia que precisava dar um passo se quisesse ter um relacionamento com sua mãe.

Muitas vezes, nós descobrimos que as pessoas têm expectativas irreais sobre como a mudança acontece. Elas desistem porque pensam que está demorando muito ou que demanda muito esforço. Elas não sabem que as coisas, frequentemente, ficam piores antes de melhorarem, e que a parte difícil é o momento errado para desistir.

Nós sabemos que a mudança acontecerá quando você seguir as recomendações, mesmo se elas soarem artificiais ou estranhas a princípio. Em algum momento, você olhará para trás e perceberá que o que começou com um sentimento desconfortável se tornou um novo comportamento ou competência que faz parte de você e que você adaptou à sua personalidade e estilo únicos. A vida é um processo e não há linha de chegada. É como você vive, e não o que você alcança, que conduz à paz de espírito, saúde e felicidade.

Plano de ação: meus passos para a mudança

1. Escreva alguma coisa que você esteja pronto para mudar.
2. Pense no menor passo que você poderia dar. Talvez seja dizer a um amigo que você está pronto para mudar. Talvez seja escrever uma carta para si mesmo e colar no espelho do banheiro. Talvez seja contar para alguém, cuja opinião seja importante para você, sobre estar pensando em fazer essa mudança.
3. Pense em dois "Sim, mas..." que poderiam impedir você. Enquanto é humanamente natural dar um passo à frente e muitos outros para trás enquanto se está mudando, "sim, mas..." é uma maneira de convencer a si mesmo a não seguir em frente.
4. Corra o risco e dê um pequeno passo!

Desista de procurar soluções rápidas

Outra maneira de adiar a mudança é procurar por soluções rápidas – uma que vá modificar tudo. Algumas das soluções rápidas mais populares nos dias atuais são farmacológicas, como antidepressivos, tranquilizantes, pílulas para dormir, entre outras. Esse tipo de solução de curto prazo pode fazer você se sentir melhor bem rápido, mas não só traz riscos de efeitos colaterais e dependência, como também mascara, em vez de resolver, suas reais dificuldades.

Se os sentimentos que, a princípio, alertaram você para a necessidade de mudança estiverem adormecidos, e você perder a motivação para desenvolver relacionamentos mais saudáveis consigo mesmo e com os outros, pode acabar se sentindo pior do que quando começou. Suspeite de métodos que prometam curas milagrosas. Atualmente, um número assustador de médicos preenche o receituário, sem muita conversa, quando escuta seu paciente dizer: "Estou deprimido" ou "Eu me sinto ansioso".

Depressão, assim como ansiedade, pode ser apenas um dos muitos sentimentos que os humanos vivenciam – desde os mais prazerosos e felizes até os mais desconfortáveis e aflitivos que você evitaria a todo custo. Assim como qualquer outra dor em seu corpo, sentimentos depressivos podem ser um conjunto de pensamentos, sentimentos e comportamentos que se transformam em um desencorajamento paralisante. De qualquer maneira, sem utilizar remédios, você pode gerenciar sua vida e as mudanças que necessita empreender utilizando os métodos descritos neste livro.

Atividade de conscientização: desatando a bola de pelos da depressão

Você diz com frequência "Estou deprimido"? Há alguém próximo a você que diz, regularmente, "Estou deprimido"? A evolução normal desse tipo de pensamento é que você ou alguém está doente e só pode melhorar com medicação. Se você tem falado dessa maneira, diga a si mesmo, em troca, que a depressão é uma bola de pelos de sentimentos. Sim, você leu corretamente – uma bola de pelos de sentimentos, bem parecida com aquelas que os gatos cospem. Visualize essa bola ou a desenhe.

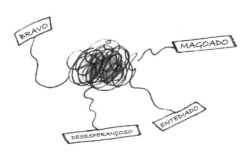

Agora imagine-se puxando os fios dessa bola de pelos, dando a cada um o nome de um sentimento. Aqui está uma lista dos mais comuns: bravo, desesperançoso, desamparado, magoado, chateado, frustrado, entediado, solitário, isolado e desmotivado. (Se você precisar de ajuda para nomear os seus sentimentos, use o quadro "As faces dos sentimentos", da página seguinte.)

Reflita sobre como você se sente diferente quando ouve a palavra *depressão* em vez de um desses sentimentos. "Depressão" encaminha você para um médico. Cada um dos sentimentos nomeados lhe dá esperança de que, provavelmente, há alguma coisa construtiva a se fazer sobre isso, sobretudo se você estiver dando pequenos passos.

Por fim, da próxima vez que ouvir a palavra *depressão* sair da sua boca, veja se você pode falar "Quero dizer, bravo" (ou desesperançoso, entediado, sobrecarregado etc.) e perceba como se sente fazendo essa pequena mudança.

Você pode mudar, se assim desejar

Disciplina Positiva
As faces dos sentimentos

Uma das nossas pacientes expressou o que muitos de vocês devem estar pensando: "Meu médico me disse que é uma 'depressão clínica', uma doença. Um dia, simplesmente do nada, ela veio e *bum*, eu não conseguia sair da cama. Por fim, eu descobri que muito disso tinha a ver com problemas de quando eu era criança. Mas, sem medicação, eu não vejo como poderia ter começado a melhorar." Mais tarde, ela veio a acreditar que, se tivesse conseguido ajuda mais cedo para explorar suas questões mais profundas, talvez nunca tivesse passado por aquele ataque súbito.

Talvez você já esteja tomando um remédio para depressão e esteja com medo de parar. Afinal de contas, seu médico lhe prescreveu. Se está utilizando antidepressivos, encorajamos você a trabalhar nas questões mais profundas que lhe trouxeram a este ponto, e se afastar das medicações (com a assistência do seu médico) à medida que fortalece suas habilidades de relacionamento. Há muitos médicos que apoiarão você nessa escolha e lhe ajudarão a ficar livre da medicação de forma segura.

Utilizando métodos sem medicação, conseguimos ajudar muitas pessoas que foram diagnosticadas em condições para as quais os remédios são tradicionalmente prescritos.

Ainda assim, temos pacientes que acreditam que utilizar o remédio em conjunto com a terapia em andamento é o melhor para eles. Temos conhecimento de que alguns de vocês, que estão lendo este livro, também resistirão a mudar de ideia sobre a necessidade de medicação. Acreditamos que, em última instância, você é a pessoa que mais sabe o que é melhor para si. Nossa tarefa é dar opções e ajudá-lo a enxergar outros caminhos de mudança que possam ser úteis para você se ajudar. Quer opte ou não pelo uso de medicação, sabemos que você encontrará sugestões em nosso livro que farão sua vida funcionar melhor. Esperamos ajudá-lo a fazer dos remédios um passo de transição e não um hábito para a vida toda.

Pratique as tarefas que nossos clientes praticam

Para criar hábitos novos, incentivamos nossos clientes a dedicar um tempo para treinamento. Eles agendam encontros com um amigo para fortalecer seu compromisso de começar novas rotinas. Recomendamos que eles utilizem um calendário e escrevam o que vão fazer.

Alguns dos nossos pacientes acham útil imaginar que eles têm uma varinha mágica para criar cenários sobre como gostariam que sua vida fosse. Então, lembramos a eles da estratégia do "aja como se tivesse acontecido até acontecer de verdade", convidando-os a se comportarem como se suas vidas já fossem diferentes. Com essa referência em mente, é um pequeno passo imaginar como o comportamento deles deveria parecer ou como eles deveriam agir para convidar os outros a agirem do modo como gostariam.

Lembre-se de que as mudanças levam tempo, de forma a garantir que você não desista facilmente. Pedimos aos nossos pacientes que tentem alguma coisa diariamente por uma semana, ou duas, ou três, para ajudá-los a mudar o padrão. Uma imagem que alguns consideram útil é a de que a mudança se parece com um jogo de beisebol: quando você sente a tentação de parar na parte mais difícil, você se imagina correndo por todas as bases em vez de desistir na primeira. Se ainda assim for muito difícil, alguns paciemtes contratam um *coach* ou pedem a um amigo para ser seu braço direito, aquele que vai encorajá-lo a se manter na tarefa. Você poderia ser um desses apoios se trabalhasse como consultor em encorajamento.

Você e seus clientes podem também se envolver em terapia, programas educacionais e grupos de apoio que oferecem abordagens sem medicação para a saúde e o desenvolvimento. Estes podem ter benefícios muito grandes quando se trata de realizar mudanças. Ao se expor e abrir-se às pessoas, lugares e situações que são novas, você se permite vivenciar novas maneiras de pensar, sentir e agir.

Apenas faça. Algumas vezes, a melhor maneira de promover mudanças é parar de pensar, falar, planejar e analisar e apenas seguir em frente. Decida sobre o primeiro passo que dará e siga. A cada passo, sua perspectiva muda, então você aprenderá o que precisa para dar o passo seguinte. O movimento em si lhe dará o retorno sobre o que você precisa fazer depois.

Tenha coragem de falhar... e tentar de novo

Se você já desistiu de si mesmo e acredita que não consegue mudar, então perdeu sua coragem. Coragem é a experiência de saber que você pode cometer erros, e que isso não significa o fim do mundo. Coragem significa que está tudo bem tentar de novo, e de novo, e de novo. Se você não puder tentar de outra forma na 100ª tentativa, talvez você precise se arriscar mais uma vez – a 101ª pode ser a chave. É preciso imensa coragem – e senso de humor – para lidar com a mudança de seus padrões e posturas de uma vida inteira. Quando você comete um erro (e você cometerá, se for humano), o que importa é o que aprende com isso, e o que fará com essa lição. É útil ser resiliente, e isso é o que você será quando se levantar e tentar novamente.

A mudança real vem acompanhada da autopermissão para cometer muitos erros. Erros são oportunidades para aprender e crescer. A maioria das pessoas tenta esconder seus erros ou evita cometê-los em primeiro lugar. Como você se sente em relação a errar? Quando você era criança, o que acontecia se você errava? Como você lida com as pessoas ao seu redor quando elas cometem erros?

Se você observar um bebê aprendendo a andar, ele cai repetidamente, mas levanta e tenta de novo. Você é como esse bebê, ou está vivendo em sua "zona de conforto", paralisado, porque talvez possa cometer um erro? Nós chamamos isso de "seguro e emperrado!" Nós desafiamos você a se permitir a oportunidade de cometer erros e tentar de novo, e de novo, e de novo, para que a mudança possa ser parte da sua vida.

Coragem é algo que você pode desenvolver em pequenos passos, seguindo as sugestões deste livro, e é assim que você pode se empenhar em seguir em frente novamente e acreditar em si mesmo. A certa altura, todos nós precisamos de coragem para encarar a maior mudança de todas: nós todos temos que crescer. Talvez você imagine que, à medida que envelhece, tudo vá se ajeitar automaticamente. Mas ficar mais velho não significa a mesma coisa que tornar-se adulto. Você precisa participar ativamente de fazer a sua vida mais feliz e saudável. Nunca é tarde demais para começar a mudar e crescer, e é muito mais fácil fazer isso quando se tem um plano.

SEMANA

2

COMO VOCÊ SE TORNOU VOCÊ – NATUREZA? CRIAÇÃO? NÃO!

Nós vamos revelar para você um segredo bem guardado. A maior influência sobre a sua personalidade não é a natureza ou a criação. "O quê?", você diz, "Isso é impossível! Eu tenho prestado atenção ao longo debate que questiona se a maior influência na nossa personalidade é a herança genética ou o nosso ambiente de infância. Todo mundo sabe que é natureza ou criação". Estamos aqui para dizer a você que, ainda que ambas sejam importantes, o maior impacto sobre como você se tornou você provém das decisões inconscientes que tomou desde o seu nascimento. Elas são suas crenças fundamentais, sua "lógica pessoal", e delineiam o contorno único da sua personalidade. Tanto a sua hereditariedade como o seu ambiente influenciaram – mas não formaram – suas decisões inconscientes. A fórmula abaixo explica essa ideia de como sua personalidade se desenvolveu:

hereditariedade (natureza) + ambiente (criação) +
decisões inconscientes (interpretações criativas) = personalidade

A hereditariedade contempla sua genética. O ambiente inclui elementos que estavam presentes quando você chegou em cena: seus pais, os valores deles, o estilo parental deles, o relacionamento entre eles, seu ambiente físico e social, seus irmãos e sua posição na ordem de nascimento. À medida que interagiu com seu mundo e com as pessoas, buscando uma forma de pertencer e ser especial (distinto), você formulou várias interpretações criativas sobre quem era. Essas crenças de infância conduziram você ao sucesso, e podem também estar criando problemas para você.

Esta semana, você examinará a influência desses fatores sobre como você chegou a ser quem é. Já que a influência dos irmãos é tão determinante, vamos tratar disso separadamente na próxima semana.

Além das necessidades biológicas como respirar, comer e dormir, as duas necessidades humanas mais básicas são de *aceitação* e *importância*. Esta semana, vamos ajudar a esclarecer como você encontrou aceitação ou importânica quando criança e como continua a satisfazer essas duas necessidades básicas hoje.

Anote

Você vai observar que faremos várias perguntas neste capítulo para auxiliá-lo a desenvolver consciência sobre como chegou a ser quem você é. Essa poderia ser uma boa oportunidade para abrir um arquivo em seu computador ou pegar o seu caderno e responder às questões em cada Atividade de conscientização a seguir. Anotar suas respostas vai ajudá-lo a aprender mais sobre si mesmo e sobre seu relacionamento com os outros. Como consultor em encorajamento, você pode ajudar seus clientes a compreender como eles formaram suas personalidades, conduzindo-os por meio das atividades a seguir.

A influência dos seus pais

Quando era criança, quando fez sua estreia no palco do teatro da sua vida, você começou, imediatamente, a tomar decisões sobre si mesmo, sobre os outros, sobre a vida e sobre como se comportar para ser aceito. Seus pais criaram o teatro – o contexto para aquelas decisões.

Quando usamos a palavra "pais", estamos nos referindo aos adultos que proveram seus cuidados iniciais, fossem eles seus pais biológicos, pais adotivos, avós, babás ou outras pessoas. Eles eram os diretores da produção, provendo a parcela do ambiente de criação nessa equação. Eles estabeleceram o cenário e a atmosfera na sua família. Eles comunicaram seus valores, sobre os quais você baseou suas decisões sobre como as pessoas deveriam ou não se comportar. A maneira como eles criaram e disciplinaram você impactou (mas não determinou) todo o desenvolvimento das suas crenças – sobre você, sobre os outros, sobre a vida e sobre seu próprio comportamento. Eles lhe deram irmãos por nascimento, adoção ou casamento. Nós examinamos essas influências ambientais uma a uma para ajudá-lo a compreender melhor a si mesmo.

Atividade de conscientização: qual é a influência do estilo de educação dos seus pais?

Seus pais eram acolhedores? Eram permissivos? Eles usavam punição física ou abuso emocional para motivar você? Eles negligenciavam você? Eles tinham favoritismos? Que decisões você tomou sobre como eles criaram você?

Susan cresceu em uma família grande na zona rural. Esperava-se que as crianças acordassem com o raiar do sol, ajudassem nas tarefas e cuidassem dos mais novos. Se alguém falhasse na realização de sua tarefa, um dos pais corria atrás da criança com o cinto, ameaçando bater, enquanto o outro observava horrorizado. Susan decidiu que ela deveria fazer o que se esperava dela para se manter longe dos problemas. Ela trabalhava duro para não cometer erros, mas de vez em quando falhava. Para evitar o cinto, ela decidiu esconder seus erros ou culpar um de seus irmãos.

O papel do ambiente

No espetáculo da sua vida, quando você subiu ao palco, como era o cenário? Era repleto de pessoas e barulhos? Você cresceu em uma área rural silenciosa? Qual era a língua falada pela sua família e em sua vizinhança? Que tradições eram seguidas? Havia lagos, rios, montanhas, planícies, dunas ou prédios de concreto? Seu ambiente físico convida a diferentes tipos de decisões. Se você cresceu em um apartamento de um prédio alto em uma cidade grande, provavelmente terá uma visão de mundo diferente de alguém que cresceu em uma pequena vila rural ou em uma comunidade agrícola.

Shirley cresceu em uma comunidade luterana, em uma pequena cidade do centro-oeste dos EUA, situada às margens de um dos Grandes Lagos. A sua família era a única família judia da vizinhança, e as crianças da cidade caçoavam dela com frequência. Shirley não sabia por que as crianças implicavam com ela, achava que eram suas amigas. Shirley decidiu: "Deve haver alguma coisa errada comigo que eu não sei. Eu não gosto de ser zoada. Isso me magoa. Vou tentar ser mais parecida com todo mundo e espero que isso ajude. Vou fingir que não sou judia." Como é diferente a visão de mundo de Shirley da visão de uma criança judia que cresce em uma vizinhança de maioria judia, em uma cidade metropolitana! As crenças de Shirley sobre não se enturmar foram, em parte, influenciadas pelo seu ambiente de infância.

Atividade de conscientização: qual foi a influência do seu ambiente de infância?

Pense na comunidade e no contexto em que você nasceu e passou os primeiros anos. Como crescer naquele ambiente influenciou a pessoa que você é hoje? Que interpretações criativas (decisões) você tomou com base no ambiente em que cresceu?

A influência da atmosfera familiar

O cenário estava pronto antes de você nascer. Se alguém descrevesse a atmosfera da sua infância, o que seria dito? Era animada e alegre? Depressiva e conturbada? Organizada e previsível, ou fria e pouco convidativa? Tudo isso teve um efeito profundo em seus sentimentos, expectativas e crenças. Sua atmosfera familiar foi criada pelos seus pais, pelo modo como se relacionavam, pelo modo como criaram você, como eles eram como pessoas e como organizaram o lar e a família.

Atividade de conscientização: qual foi a influência da sua atmosfera familiar?

Escreva como você descreveria a atmosfera da família em que cresceu. Como crescer nessa atmosfera influenciou a pessoa que você é hoje? Que decisões você tomou sobre a vida, os outros, você mesmo, que ainda carrega consigo?

Na família de Kevin, a violência era um evento de todas as noites. Pratos quebrados contra a parede e talheres atravessando a cozinha. Kevin e sua irmã, Joyce, se escondiam onde podiam. À medida que a bebedeira dos pais continuava, combinações de gritos se seguiam. Frequentemente, as noites terminavam com o pai de Kevin batendo em sua mãe, que acabava caindo no sono no sofá, soluçando. Na manhã seguinte, eles agiam como se nada tivesse acontecido.

O que Kevin não percebeu é que ele estava desenvolvendo crenças centrais – sua lógica pessoal – sobre relacionamentos entre homem e mulher que poderiam lhe trazer problemas ao ficar mais velho. Ele decidiu que o homem deveria resolver os conflitos, usando força física, se necessário. Acreditou que cabia a ele ser o responsável quando as coisas saíssem do controle em sua família, tal como seu pai fez.

Um dia, Joyce foi ao quarto de Kevin pegar cola e tesoura emprestados. Quando Kevin a atacou verbalmente, Joyce o xingou. A briga entre os dois rapidamente escalou para o confronto físico. Sua mãe ficou horrorizada quando Joyce veio até ela gritando e sangrando porque Kevin havia jogado um caminhão de brinquedo nela, acertando-a na cabeça. O mundo de Joyce e Kevin foi tão caótico e conturbado quando crianças que não era uma surpresa que o padrão continuasse na vida adulta. Kevin acabou em um grupo de prevenção à violência para homens, enquanto Joyce passou anos como uma esposa espancada.

A influência dos valores de seus pais

A peça de teatro da sua vida foi uma comédia ou uma tragédia? Qual foi o enredo ou o tema principal? Em todas as famílias, há questões e tópicos importantes para ambos os pais (quando há mais de um), a que nos referimos como "valores da família". Se você foi criado por um pai ou mãe solteiros, talvez muitos de seus valores venham de seus avós ou da comunidade à sua volta, que ajudou a criar você. Quer os adultos relevantes da sua vida estivessem de acordo ou não, você e seus irmãos entenderam a mensagem de um jeito ou de outro.

Cada família tem valores, mas nem todos os valores familiares são iguais. Talvez você se identifique com algumas destas afirmações: "Primeiro o dever, depois a diversão", "É importante estar fisicamente em forma", "Doe aos pobres" ou "Não pergunte, não diga, não divida".

A atitude de seus pais a respeito dessas e de outras questões influenciou as milhares de interações familiares que você teve durante a infância. Você foi exposto a esses temas todos os dias. De algum modo, você mesmo adotou essas mensagens ou as rejeitou. Crianças raramente assumem uma postura neutra quanto aos valores da família, então suas decisões tornaram-se os "deveriam" no sistema de crenças subconsciente que orienta sua vida. "As pessoas deveriam ter uma boa educação", "As pessoas deveriam ter certeza de que podem ser autossuficientes", "As pessoas deveriam ajudar os outros antes de cuidarem de suas próprias necessidades", "As pessoas não deveriam ser materialistas" ou "As pessoas nunca deveriam discutir negócios de família com estranhos".

Atividade de conscientização: qual foi a influência dos seus valores de família?

Cite alguns de seus valores de família. Quais são os seus valores familiares com relação a doenças, dinheiro, sucesso, trabalho, álcool, drogas, sexualidade, o papel do homem e da mulher, ou qualquer das questões mencionadas anteriormente? Escreva-os.

Denise cresceu em uma família em que ambos os pais ensinaram a ela que uma boa educação era essencial para tornar-se um ser humano digno. Embora nenhum dos dois tenha colocado isso em palavras, ambos eram fascinados pelos projetos de seus filhos na escola, compareciam a todos os eventos escolares e ficavam aborrecidos quando seus filhos não se dedicavam o suficiente para alcançar boas notas.

Desde o início, Mark, o irmão de Denise, não ia bem na escola. Toda noite, Mark e seu pai brigavam por causa do dever de casa. O pai de Mark queria que ficasse perfeito antes de o filho entregar. Mark, por sua vez, não parecia se importar muito com a tarefa e não compreendia o que ele deveria fazer. Ainda que tenha conseguido concluir o ensino médio, Mark jurou nunca mais pisar em uma sala de aula novamente.

Quando Mark se tornou um jovem trabalhador em construção civil, ele se mostrou um artesão talentoso e detalhista, e nunca ficava satisfeito até o projeto estar pronto com perfeição. Ao mesmo tempo, ele não pensava em cursar uma faculdade para se tornar um engenheiro profissional, por exemplo.

Denise, por sua vez, amava a escola. Ela se orgulhava de suas notas e da qualidade de seu trabalho. Ela escolheu os cursos preparatórios para a faculdade durante o ensino médio e alcançou elevado grau universitário. Mais tarde, frequentou cursos de diversas áreas pelas quais se interessava para expandir o conhecimento.

A influência da personalidade de seus pais

Pense sobre aqueles personagens adultos principais, os "pais" na peça da sua vida. A personalidade e o comportamento deles ajudaram a dar o tom que influenciou sua visão de vida, assim como suas ideias sobre como homens e mulheres são ou deveriam ser. Caso tenha tido apenas um dos pais, onde você buscou modelos de adultos do sexo oposto para lhe ajudar a decidir como mulheres e homens deveriam ser?

Atividade de conscientização: qual foi a influência da personalidade dos seus pais?

Como seus pais eram como pessoas? Pense em três adjetivos que você poderia usar para descrever cada um deles enquanto você estava crescendo. Escreva.

A mãe de Dylan e John era criativa, enérgica e otimista. Ela não parecia se preocupar, acreditando que tudo daria certo no final. Ela tinha confiança de que as pessoas poderiam alcançar qualquer coisa que quisessem. Se estivesse trabalhando em um projeto e alguém lhe dissesse "Você não pode fazer isso", ela encontraria outra maneira de terminar o trabalho.

O pai de Dylan e John era um homem sério e trabalhador, que batalhou na vida para sustentar sua família. Seu salário estável (embora modesto) permitia a sua mulher envolver-se ativamente em causas pelas quais ela era apaixonada. Ela trabalhava para melhorar o currículo da escola local e liderava um comitê para garantir a continuidade do programa de música que seria cortado por questões orçamentárias.

Dylan e John participaram de um *workshop* em que aprenderam sobre como formaram suas personalidades. Dylan percebeu que ele pegou uma página do livro de sua mãe, concluindo que "A vida é um lugar onde tudo é possível se você persistir o suficiente." As reclamações de sua namorada sobre ele não aceitar um não como resposta fizeram sentido.

John viu sua família de uma perspectiva diferente. Ele percebeu que sua decisão havia sido "Homens precisam trabalhar para prover, enquanto as mulheres fazem o que querem." E ele finalmente entendeu por que não insistia nas questões com sua colega de trabalho, que era mulher, quando eles se desentendiam.

A influência do relacionamento dos seus pais

Suas opiniões sobre intimidade, cooperação e negociação dependem, em grande parte, de como seus pais gerenciavam conflitos e diferenças entre eles.

Como era a interação entre seus pais? Ambos estavam lá? Um deles abandonou a família, deixando o outro para criá-lo sozinho? Um de seus pais estava sempre fisicamente presente, enquanto o outro estava mais emocionalmente disponível, mesmo que apenas por breves momentos? Houve divórcio, separação ou segundo casamento em sua família? Se sim, você pode ter decidido que os relacionamentos são tênues ou que você não pode contar com ninguém. Talvez você tenha decidido que nunca se casará porque casamentos não dão certo. Talvez você acredite que é importante abandonar um relacionamento ruim ou abusivo e tentar de novo.

Se seus pais tinham brigas ruidosas, violentas e assustadoras, você pode ver a vida como um lugar perigoso e conturbado. Seus pais eram competitivos ou cooperativos? Um dos pais era dominante e o outro era permissivo? Ou eles se relacionavam como iguais, compartilhando as tomadas de decisão? Se um dos pais comandava enquanto o outro simplesmente obedecia, sua conclusão pode ter sido que a vida é um lugar onde há chefes que tomam as decisões enquanto todos os outros se conformam. Seus pais praticavam respeito mútuo, discutindo as decisões e expressando seus sentimentos? Eles eram carinhosos, amáveis e gentis um com o outro, ou eram frios, irritados e distantes? Se seus pais estavam envolvidos em uma "guerra fria", talvez você espere que todos os relacionamentos sejam distantes, evitando-os para afastar sentimentos de solidão.

Atividade de conscientização: qual foi a influência do relacionamento dos seus pais?

Veja as respostas que você escreveu nas questões da seção anterior. O que você percebeu sobre seus próprios relacionamentos atuais, comparados a como seus pais eram juntos?

Kelly estava trilhando seu caminho por meio deste livro, adquirindo consciência sobre si mesma e seus relacionamentos. Quando estava pensando sobre as influências de seu ambiente, Kelly lembrou-se do relacionamento de seus pais. Ela relembrou como se sentia uma criança apavorada quando seu pai, temperamental, explosivo e raivoso, gritava com sua mãe diante de qualquer erro mínimo que ela cometesse, seja por causa de um respingo ou uma tarefa esquecida. Sua mãe recuava e pedia desculpas repetidamente. Em outros momentos, seu pai era tranquilo e doce, trazia presentes para sua mãe e lia para ela nas noites de sábado após o jantar. Ela nunca tinha certeza sobre qual pai entraria pela porta a cada noite.

Kelly descreveu a atmosfera em sua casa como "desafiadora" e "ameaçadora". Ela percebeu que o relacionamento de seus pais havia moldado crenças nela e afetado sua vida de muitas maneiras. Ela cresceu temendo a raiva – a sua própria e a de qualquer outra pessoa. Ela temia que a raiva resultasse nas manifestações assustadoras que vivenciaria com seu pai. Ela era tímida, receosa de assumir riscos e com medo de cometer erros, subjugando-se ao longo da vida. Pensava que os homens eram imprevisíveis e tomava muito cuidado para não se aproximar muito deles.

A influência dos estilos parentais

Os adultos responsáveis por você tinham um estilo parental diferente. Isso influenciou como você pensou sobre si e como se comportou quando era criança. O estilo deles também pode ter impactado seu comportamento como adulto. Talvez você possa ter achado que o comportamento dos seus pais foi um bom comportamento parental. Você pode ter se rebelado contra o estilo parental deles, dedicado a ser um tipo de pai bem diferente. Pode estar sofrendo em seus relacionamentos adultos porque você, ou a outra pessoa, é muito permissivo(a) enquanto o(a) outro(a) é bastante autoritário(a).

Seus pais esperavam das crianças obediência e conformismo, ou as diferenças individuais eram respeitadas, a criatividade encorajada e as opiniões apreciadas? Seus pais tomavam decisões sem consultar você e seus irmãos, ou eles envolviam você ou deixavam você decidir por si? Seus pais faziam reuniões de família para resolver problemas e compartilhar sentimentos, ou eles eram do tipo de pais que consideravam as crianças como objetos, tratando você como se fosse invisível? Seus pais ensinaram você a obedecer e o puniam se os desafiasse? Eles motivavam você punindo, batendo, recompensando ou subornando? Eles ensinaram você a pensar por si, mesmo que isso significasse discordar deles? Eles deixavam você fazer o que quisesse, atendendo a todas as suas vontades? Eles ajudaram você a ter e fazer o que quisesse dentro dos limites, esperando que cumprisse a sua parte das tarefas domésticas?

Muitas das decisões que formaram seu sistema de crenças nasceram do estilo de liderança de seus pais. A maioria das mães, pais, professores e cuidadores, na realidade, são constituídos da combinação das categorias que apresentamos no quadro de "Estilos parentais" a seguir. Esses quatro papéis parentais típicos ajudarão você a entender o impacto que os adultos tiveram sobre sua visão em desenvolvimento de si mesmo, dos outros, da vida e do comportamento. A parentalidade gentil e firme é também conhecida como parentalidade da Disciplina Positiva. À medida que você aprende mais sobre si e os outros, esperamos que seu objetivo seja criar relacionamentos baseados no uso das qualidades, habilidades e crenças da parentalidade gentil e firme.

Como você se tornou você – Natureza? Criação? Não!

Estilos parentais

Como se chamam os pais deste estilo	No que esses pais acreditam	O que esses pais fazem	O que você, como criança, pode ter decidido
Pais autoritários Autocrático Ditador Comandante Senhora Senhor Chefe	Eu sou superior. Eu tenho que estar no controle. Eu tenho que ser perfeito. Eu tenho o direito. A criança me deve (... obediência, ... gratidão, ... desempenho). Eu estou sobrecarregado de responsabilidades.	Impõem sua vontade por meio de regras rígidas. Nenhuma liberdade ou flexibilidade permitida. Utilizam pressão e punição. Exigem "respeito". Instigam medo. Acreditam que só há um modo correto. Ignoram sentimentos. Tratam as crianças como propriedades em vez de pessoas. Exigem obediência e dão ordens. Impõem ideias. Dominam. Dependem de crítica e recompensa para controlar. Recompensam, subornam, ameaçam e punem. Sermões. Gritos. Insistem. Assumem toda a responsabilidade. Tomam todas as decisões. Superprotegem. Têm pena da criança. Agem como se tivessem todos os direitos. Mimam ou envergonham a criança. Estão excessivamente preocupados em ser justos. Dão algo mas impõem condições. Demandam perfeição e encontram defeitos. Excessivamente preocupados com o que os outros pensam.	Eu sou impotente, sem controle. Eu dependo dos outros (como homem/como mulher). Eu não sou responsável. Eu não sou tão bom como (alguém), então é melhor me conformar. Outra pessoa sabe melhor que eu. Eu não posso pensar por mim mesmo. Eu tenho que esconder meus reais sentimentos. Vou me vingar. Eu desisto. Eu serei "bom" para não ser "pego". Eu me comporto quando os outros me obrigam. Eu vou agir às escondidas para fazer/conseguir o que quero. Sou inadequado. Outros tiram vantagem de mim. Nunca serei bom o suficiente. Tenho que ser perfeito. Outros me protegem e decidem por mim. Ninguém pode me dizer o que fazer. Poder é importante. Eu tenho que ganhar ou estar correto. Tenho que ser superior aos outros.

(continua)

Estilos parentais (*continuação*)

Como se chamam os pais deste estilo	No que esses pais acreditam	O que esses pais fazem	O que você, como criança, pode ter decidido
Pais permissivos *Marshmallow* Fraco Influenciável Fácil Capacho	Eu não conto. Os outros são mais importantes do que eu. Eu sou impotente, sem controle. Eu não tenho direitos. A criança tem todos os direitos.	Dão todo o poder para a criança. Não estabelecem regras, limites ou estrutura. Mimam a criança. Querem proteger a criança de todo sentimento desconfortável. Dão toda a responsabilidade pelas decisões para a criança. Tornam-se escravos. Cedem às exigências. Sentem-se culpados por dizerem "não". Manipulam. Suplicam. São gentis, mas não firmes. Dão liberdade total, mas sem qualquer ordem. Respeitam a criança, mas não a si mesmos.	Os outros vão me dar as coisas e cuidar de mim. Eu exijo receber. O mundo gira ao meu redor. Sou eu quem dá as ordens. Eu tenho direito de fazer exatamente o que eu quero. Não há limites. A vida não é segura. Não sou amado. Eu dependo dos outros para satisfazerem minhas necessidades e me oferecerem o que preciso.
Pais negligentes Fantasma Ausente (em virtude de doença, vício, morte ou abandono)	Eu deveria ser um pai/mãe melhor. Eu não sei como desempenhar meu papel. Eu deveria estar festejando. Deixe-me em paz. Eu odeio isso. Essa família não precisa de mim. Se eu estiver presente, vou só atrapalhar.	Não exigem nada, não reconhecem as necessidades. Não são nem gentis nem firmes. Não oferecem liberdade nem limites. Não respeitam a si mesmos ou à criança. Criam o caos. Encerram o contato com a família.	Eu não sou importante. Não sou amado ou não mereço o amor. Não valho a pena. Ninguém se importa comigo. Eu terei que decidir tudo sozinho. Eu não sou digno de ser cuidado, nem por mim mesmo.

(continua)

Autoconsciência, aceitação e o princípio do encorajamento

Como você se tornou você – Natureza? Criação? Não!

Estilos parentais (*continuação*)

Como se chamam os pais deste estilo	No que esses pais acreditam	O que esses pais fazem	O que você, como criança, pode ter decidido
Pais gentis e firmes Líder Guia Coach Amigo Mentor	A criança pode tomar decisões. Eu sou igual, nem mais nem menos importante que os outros. Eu sou humano e tenho a coragem de ser imperfeito. Erros são oportunidades para aprender. Todas as pessoas são importantes, inclusive eu. Eu estou no comando, mas posso ser flexível. Eu confio em mim e no meu filho. Eu tenho voz.	Compartilham poder. Lideram com gentileza e firmeza. Tratam os outros com respeito. Tratam a criança como um ser humano responsável e de valor. Encorajam a criança a tomar decisões. Permitem à criança ser quem é. Incentivam a independência. Oferecem escolhas. Esperam que a criança contribua. Promovem igualdade. Evitam fazer a criança sentir-se culpada. Estabelecem padrões realistas. Não estão preocupados com a própria imagem. Sabem quando dizer não. Convidam, perguntam, solicitam. Persuadem, exercem influência, conquistam cooperação. Ouvem as ideias da criança. Incentivam a criança a fazer melhor e ajudam-na a melhorar. Falam em um tom de voz amigável. Demonstram confiança. Focam os pontos fortes. Escutam e compartilham sentimentos. Utilizam rotinas para criar ordem. Reconhecem esforço, não apenas realizações. Compartilham responsabilidade. Ensinam a criança a se autodisciplinar.	Sou responsável, respeitoso com os outros, autodisciplinado, autodeterminado. Posso cooperar com os outros. Os outros me incluem nas decisões. Posso pensar por mim mesmo. Sou capaz. Estou aberto às ideias dos outros. Eu conto, sou importante. Posso resolver problemas. Posso confiar em mim. Eu sou bom o suficiente e sou uma pessoa de valor sendo quem sou. Posso confiar nos outros. Os erros ocorrem para o aprendizado. Não tenho que ser perfeito. Posso me aventurar em novas experiências.

Talvez seus pais tenham discordado sobre como educar você e sobre o que seria uma disciplina adequada. É comum os pais discordarem. Se isso aconteceu na sua família, você pode ter decidido uma das seguintes coisas: "Eu sei a quem pedir o que quero"; "Eu vou sair de fininho e fazer o que eu quero enquanto eles estão ocupados discutindo"; "A vida é um caos"; ou "As mulheres são legais, mas os homens são maus". Pense sobre como você ainda está operando sob as crenças que formou na infância.

Atividade de conscientização: qual foi a influência do estilo parental de seus pais?

Leia as respostas que você escreveu para as perguntas da seção anterior. Quais dessas influências você consegue perceber em si mesmo nos relacionamentos atuais?

Os pais de Simone eram estritamente autoritários. Desde que ela era pequena, eles ensinaram a Simone o jeito "correto" de se vestir, comer, falar e se comportar em público. Eles a forçavam a ficar à mesa até comer tudo o que estava em seu prato e a puniam se ela não obedecesse. Eles esperavam que ela fosse bem na escola, que estudasse piano e jogasse tênis, de modo que se tornasse polida e bem-educada.

Mesmo na adolescência, quando ela começou a expressar suas ideias, as conversas durante o jantar tornaram-se uma batalha na medida em que seu pai insistia para que dissesse de onde vinha cada ideia defendida por ela. Ele descartava o que ela tinha a dizer se isso não estivesse de acordo com o que ele pensava.

Seus pais haviam provido uma vida tão estruturada que Simone não teve tempo ou privacidade para desenvolver uma vida própria. Ela nunca pôde vivenciar maneiras diferentes de pensar, sentir, comportar-se, vestir-se ou qualquer outra coisa. Quando Simone saiu de casa para a faculdade e teve que decidir sozinha sobre o que comer, o que vestir, com quem sair, ou como fazer os trabalhos de casa, ela ficou sobrecarregada. Em dois meses, ela havia dormido com quatro homens, ganhado vinte quilos, usado cinco tipos de drogas psicoativas e desistido de três matérias. Antes do final do primeiro semestre, ela voltou para casa em meio a uma severa depressão. Como o estilo parental dos seus pais afetou a sua personalidade?

Plano de ação: familiarize-se com sua criança interior

- Se você tem irmãos que poderiam estar dispostos a responder algumas das perguntas deste capítulo, peça a eles para fazê-lo e encontre um tempo para comparar as respostas. Você pode se surpreender com a diferença extrema entre algumas respostas. Mantenha-se curioso em vez de defensivo.
- Encontre uma fotografia sua quando criança (ou desenhe) e coloque em um lugar onde você passa bastante tempo. Diga alguma coisa encorajadora para essa criança todos os dias.
- Dedique cinco minutos e escreva uma lista com seus pontos fortes e habilidades. Leia a lista em voz alta. Agora escreva uma lista do que você considera como seus pontos fracos. Leia em voz alta e, após cada item, adicione a frase "... e eu aceito isso como parte de mim".

A influência da hereditariedade

Quando subiu ao palco da sua vida, você chegou com certas características genéticas. Elas eram, na maioria, relacionadas aos seus atributos físicos – gênero; altura; forma física e estrutura óssea; a cor dos olhos, cabelos e pele; a qualidade da sua voz, visão e audição.

Se você é baixo, pode ter decidido que não era tão bom como quem era alto, que provavelmente não seria notado e que deveria ficar na sua – ou que deveria ter certeza de fazer um grande alvoroço toda vez que quisesse ser reconhecido. Se nasceu com o que se diz ser um rosto "que só a mamãe é capaz de amar", você pode ter decidido que deveria desenvolver sua personalidade ou seu intelecto para compensar. Ou você pode ter decidido não esperar muita atenção e apreço na vida, já que não tem a aparência adequada para merecer isso. Ou você pode ter sido atraído para cirurgias plásticas para alcançar a aparência desejada (com a tecnologia atual, há muito pouca coisa no corpo que não possa ser alterada).

Ben, um menino de 5 anos muito ativo, contraiu pólio e passou muitos meses preso a um pulmão de aço, observando a vida passar. Ainda que ele tenha se recuperado o suficiente para andar com muletas e deixar o confinamento da máquina respiratória, jamais recuperou sua postura descontraída.

Seus pais queriam que ele tivesse uma vida normal, então enviaram Ben para uma escola pública local, em que ele se sentiu desconfortável e deslocado, e se escondeu no fundo da sala, torcendo para que ninguém o notasse. Ele desenvolveu uma vida interna abundante, incluindo a afeição pela música e pelas artes.

O medo do isolamento e a impotência experimentados no pulmão de aço pairavam sobre ele como um fantasma, então ele assegurou-se de sempre namorar mulheres que pudessem cuidar dele. De muitas maneiras, ele limitou sua capacidade de cuidar de si mesmo, escolhendo uma parceira que fosse uma cuidadora, que sentisse pena dele e que pensasse que ele precisava mais de ajuda do que de fato necessitava.

Muitas pessoas acreditam que o temperamento ou predisposição são genéticos. Entretanto, defendemos que ambos são resultado de suas decisões inconscientes sobre como encontrar seu lugar único e identidade distinta, especialmente entre seus irmãos. Nós nos surpreendemos continuamente com o quanto os primogênitos têm temperamentos semelhantes, assim como os segundos filhos, os filhos do meio e os caçulas.

Agora você já tem uma ideia melhor de como constituiu as decisões que operam em segundo plano na sua mente e dirigem sua vida. No próximo capítulo, vamos explorar a influência dos seus irmãos. Mais do que qualquer outro fator isolado, sua personalidade foi formada pelas decisões que você tomou ao interagir com seus irmãos e com a perspectiva que adquiriu a partir da sua posição na ordem de nascimento.

SEMANA

3

COMO VOCÊ SE TORNOU VOCÊ - O QUE SEUS IRMÃOS TÊM A VER COM ISSO?

Quem exerceu o maior impacto na sua personalidade e identidade? Seus irmãos, é claro! E, se você não tem irmãos, provavelmente foram seus primos, amigos próximos, ou as crianças da vizinhança com quem você se comparou. Seu principal concorrente quando você estava crescendo era, provavelmente, um dos seus irmãos. Por "concorrente" nós queremos dizer a pessoa com quem você se comparou. Quando se trata de seres humanos que estão descobrindo como pertencer ao todo, preservando-se ainda únicos e especiais, competição e comparação são sinônimos. Você tomou decisões sobre quem você é ao comparar-se com seus irmãos e irmãs. Quando você era criança e vivia com sua família, os recursos podem ter parecido limitados; como uma torta, havia fatias limitadas. Você provavelmente decidiu que, se um pedaço de torta fosse retirado, você teria que encontrar outro diferente. Visto que aceitação e importância são duas necessidades humanas básicas, provavelmente sentimentos intensos estavam envolvidos no momento em que você tomou aquelas decisões inconscientes sobre seu lugar na família. Toda atuação precisa do conflito para garantir um enredo em que os

personagens se desenvolvam. Existe maneira melhor de oferecer um conflito do que adicionar mais personagens (ou, no seu caso, irmãos)?

Ao longo dos anos, conduzindo incontáveis *workshops* e sessões de terapia, nós aprendemos que o principal fator na criação da sua personalidade é o que você decidiu quando era bem pequeno sobre como pertencer e ser único na sua família. Em grupos pequenos com dez pessoas, ou grandes com centenas de pessoas, quando pedimos aos participantes que se dividam em grupos pela ordem de nascimento e comparem seus ativos, passivos, diferenças e desejos, sempre chegamos ao mesmo resultado: os grupos por ordem de nascimento descobrem que seus membros compartilham mais características em comum entre si do que com outros membros de sua família. Essa informação vai ajudá-lo, também, a compreender como você chegou a ser você. Aqui está uma atividade que vai esclarecer um pouco mais sobre esse assunto.

Atividade de conscientização: a torta da sua família

1. Para aprender mais sobre o que você decidiu a respeito do seu lugar único na sua família, desenhe um círculo e divida-o na mesma quantidade de partes correspondente ao total de crianças na sua família. Não se esqueça de incluir as crianças que morreram, já que elas também são parte da sua identidade. Não inclua seus pais no desenho.

2. Em cada fatia da torta, escreva o nome de uma criança, certificando-se de incluir o seu. Para cada nome de criança, escreva o quão mais velha ou mais nova ela era em relação a você (p. ex., Billy +3, Sue -2). Agora, escreva três ou quatro adjetivos que descrevam cada criança enquanto ela estava crescendo. Observe a torta e perceba como você decidiu que cada pessoa era diferente e especial.

3. Os adjetivos em sua própria fatia da torta refletem as crenças sobre si mesmo. Quem era mais diferente de você? De que maneira? Quem era mais parecido com você? O que faz você único?

4. Se você está envolvido em um relacionamento, pode ser interessante pedir ao seu parceiro que faça esta mesma atividade. Comparem suas anotações, buscando onde suas tortas são semelhantes, onde são diferentes, e os pontos potenciais de conflito. Você pode, ainda, fazer a atividade "Com quem você se casou?", neste mesmo capítulo.

Rivalidade entre irmãos - uma perspectiva diferente

Muitas vezes pensamos na rivalidade entre irmãos como brigas entre eles. Essa é uma das formas como os irmãos interagem. Mas há outras maneiras que são sutis, e são elas que vamos explorar na seguinte história sobre três crianças na mesma família. Você não apenas verá como as crianças criam suas identidades em relação uma à outra como também perceberá como elas convidam os demais a tratá-las de acordo com quem elas "acreditam" que são.

À medida que você lê a história de Mary, Allen e Mindy, perceba as decisões que cada um tomou com base na observação de seus irmãos e na busca por um lugar especial, ou por uma maneira de pertencer e ser importante. Reflita sobre como isso foi para você. Cada criança nasce em uma atmosfera familiar diferente em alguns aspectos, porque os pais, assim como a maneira como eles abordam a educação dos filhos, mudam à medida que ficam mais velhos e mais experientes. As tensões que atuam sobre a família flutuam com trocas de emprego, mudanças, morte e divórcio, assim como com o nascimento de outras crianças. Preste atenção especial a como Mary, Allen e Mindy improvisaram. Pergunte-se se você usou algum desses métodos quando foi colocado no palco da sua vida. Como consultor em encorajamento, você vai querer ajudar as pessoas a examinar as famílias na infância da mesma maneira.

O primogênito

Antes de Mary nascer, havia dois adultos trabalhando e cuidando da casa. Apesar de parecerem ocupados e felizes por estarem juntos, e motivados pela chegada de Mary, eles também estavam ansiosos e tensos. Um deles disse: "Eu sei que seremos pais perfeitos." O outro disse: "É uma responsabilidade tão grande! A alimentação correta, as roupas corretas, o pediatra correto, a escola correta..." O primeiro retrucou: "Não se preocupe. Nós temos tudo sob controle. Nós saberemos todas as respostas no momento em que *ele* precisar delas", ao que o outro respondeu: "Você quer dizer no momento em que *ela* precisar delas!" Pense em como as expectativas e desejos dos pais sobre uma criança que ainda nem nasceu começam a se desenrolar e a influenciá-la mesmo antes de ela entrar na família.

Desde o dia em que Mary nasceu, ela era o foco de todas as ações. Ela ouviu seus pais dizerem: "Estamos tão felizes por você estar aqui. Você é incrível e perfeita." Os adultos observavam tudo que Mary fazia e relatavam todos os seus comportamentos para o restante da família. Quando Mary chorava, um de seus pais estava lá imediatamente. Mary viu seus pais como pessoas que eram muito maiores que ela em tamanho, agirem com rapidez, parecerem seguros de si, saberem o que fazer, e pareciam compreender o que ela precisava. Os adultos pareciam ser eficientes e capazes. O que você imagina que Mary poderia estar decidindo? O que você teria decidido? Que tal: "Eu sou importante. Eu sou o centro do universo. Sou pequeno. Eu posso contar com os outros para atender minhas necessidades. A vida é tensa, mas previsível."

Na maior parte do tempo, Mary era tranquila e contente, mas às vezes ela podia perceber caretas nos rostos dos adultos. O que você acha que ela poderia estar pensando a respeito? O que você pensaria? Talvez: "Eles só me amam quando eu sou boa. É melhor eu não fazer bagunça. Preciso descobrir como agradá-los." Essas são algumas das conclusões a que as crianças pequenas estão suscetíveis. As crianças são, naturalmente, ótimas observadoras, porém intérpretes inexperientes. Os pais de Mary eram sérios quanto à tarefa deles de criar filhos, intensamente focados em Mary e determinados a fazer tudo certo. À medida que Mary crescia, ela copiou os adultos de seu mundo, tentando agradá-los ao fazer as coisas perfeitamente – do modo como gente grande fazia. Ela geralmente ouvia os adultos dizerem: "Ela é uma bebê calma e feliz. Ela aprende tudo muito rápido. Ela é tão boa; ela não nos dá nenhum trabalho. Ela simplesmente faz o que pedimos!" Mary levou a sério o que ouviu e pode ter decidido: "Eu não dou trabalho a ninguém. Eu sou esperta. Eu posso fazer o que eles fazem."

Mary poderia estar a caminho de se tornar uma líder responsável; ela era aplicada e séria, obediente às regras e valores da família ou da "autoridade". Isso é verdadeiro para muitos primogênitos. Se você foi o primogênito, isso aconteceu com você? Isso faz sentido, dadas as influências singulares que encontrou no seu nascimento. Pouco sabia você ou Mary que o enredo estava para tomar um rumo inesperado que afetaria para sempre a percepção de vocês sobre si mesmos, os outros e a vida.

Chega a segunda criança

Quando Allen ingressou no segundo ato, ele entrou em um mundo diferente do de Mary. Ela ingressou em uma cena sem crianças e estabeleceu o padrão de como crianças deveriam (ou não deveriam) ser. Quando Allen entrou no palco, parecia que todo mundo já tinha lido o roteiro. Allen teve que improvisar por um tempo, descobrindo o cenário, o enredo e os personagens. Ele viu dois adultos adoravelmente concentrados em uma linda, esperta e bem-comportada menina de 3 anos no centro do palco. Ela parecia grande comparada a Allen. Ele percebeu como ela já era inteligente e habilidosa ao usar o banheiro, comer com a colher, servir-se de cereal e cantar músicas.

Ele percebeu que os adultos eram ocupados, mas eles pareciam relaxados e confiantes. Eles eram mais calmos e experientes em seus papéis de pais do que quando sua primeira filha nasceu. Allen já estava tomando algumas decisões sobre o que ele observava: "Eu sou pequeno; os outros são grandes. A irmã é inteligente, rápida e quieta. A vida é calma."

Depois que Allen entrou em cena, o foco da atenção voltou-se para ele. Ele testou interações com cada um dos outros atores e observou atentamente o que se revelava. Ele notou que, quando emitia sons, os outros o notavam. Ele decidiu: "Ruídos atraem atenção. Se eu for calmo, ninguém olha."

Enquanto isso, Mary estava decidindo, ao observar como os adultos tratavam o recém-nascido Allen: "Eu não sou impotente ou agitada como ele. Eu terei que ser realmente boa para eles me notarem agora." Ela pode ter acreditado que seu lugar especial estava ameaçado, e sentiu-se ofuscada e destronada pela singela e fascinante novidade que era seu irmãozinho. Ela tinha que descobrir como poderia se manter no centro das atenções em que cresceu e ao qual estava acostumada; como ela poderia continuar em primeiro lugar, à frente de Allen. Muitas crianças que, como Mary, se veem tendo que dividir a atenção que antes era seu direito exclusivo, adotam o lema: "Eu sou a primeira e como primeira ficarei." Você pode imaginar como uma convicção dessas pode desenrolar-se na vida adulta? Você já vivenciou isso em si mesmo, em um irmão, ou em outra pessoa que você conhece?

Se você é o segundo filho, pense em como seu irmão mais velho manteve-se à sua frente. Como você se comportou para encontrar seu lugar especial sob os holofotes?

Um dia, a mãe de Allen estava ocupada colocando a roupa na secadora e não o atendeu quando ele chorou. Ele chorou mais alto, e finalmente ela correu para o quarto parecendo preocupada, suas sobrancelhas franzidas. Ele decidiu: "Eu estou aborrecendo. Eu preciso gritar para ser ouvido. Ela não tem tempo para mim. Eu não sou importante." Enquanto a mãe trocava sua fralda, a irmã mais velha de Allen, Mary, trouxe sua mamadeira, e ele ouviu sua mãe dizer: "Que menina grande e tão prestativa você é por ter notado que seu irmãozinho está com fome. Ele estava chorando muito. Ele não é calmo como você." Quando Mary ouviu a comparação, ela gostou do reconhecimento, mas também soou como uma grande pressão. Allen decidiu: "A irmã é responsável. Eu sou pequeno. Ela é calma. Eu sou agitado."

Mais tarde, Allen observou Mary brincando com os blocos. Ele engatinhou para explorar e derrubou a pilha que ela estava fazendo. Ela empurrou-o e ele gritou. Sua irmã disse: "Você quebrou minha torre. Você não pode brincar assim; você não sabe de nada!". A mãe veio, repreendeu Allen e pegou-o; ele gritou mais forte. A mãe então colocou Allen na cama, dizendo: "Fique aí sentado e pense sobre o que você fez! Nada de guloseimas para você hoje à tarde!" Allen decidiu: "Eu destruo as coisas. Eu ponho tudo a perder. Mamãe cuida de mim quando eu choro. Meninas são habilidosas e mandonas. Eu não brinco direito. Mamãe faz um escândalo quando eu sou desobediente." Há incontáveis direções de palco, caracterizações e diálogos que tanto Mary como Allen poderiam estar escrevendo em suas versões pessoais do enredo que estão criando à medida que avançam pela vida. Enquanto a ação se desenrola ao redor deles, eles interpretam o seu significado e improvisam seu papel em cada interação. Você fez a mesma coisa quando era criança. Você se lembra de alguma dessas decisões? Você consegue ver como elas se manifestam em seus relacionamentos atuais?

Se você é o segundo filho, como Allen, pode ser que você não esteja tão preocupado em seguir as regras e corresponder a todas as expectativas dos adultos, ou mesmo aceitar as regras, como a primogênita Mary. Você chegou em um ambiente que era mais descontraído porque seus pais experientes eram mais calmos e menos rigorosos em seu papel parental. Refletindo essa atmosfera, você pode ter se tornado mais flexível e amigável.

Por outro lado, nós conhecemos vários segundos filhos que decidiram que o caminho para o reconhecimento era imitar seus irmãos mais velhos a ponto de superá-los! O lema dessas crianças pode ser o de um comercial da locadora de veículos Avis que promovia a habilidade da companhia de brilhar apesar de seu *status* de pequena e nova no mercado: "Nós nos esforçamos mais!" Sua ordem de nascimento não determinou que você adotasse qualquer percepção em particular sobre si mesmo e sobre os outros; foi, entretanto, uma primeira e profunda influência sobre você, de um jeito ou de outro.

Como qualquer criança que nasce, você buscou um jeito de criar seu próprio lugar, e de ser único e especial em sua família. Você tinha a crença equivocada de toda criança: "Eu tenho que ser diferente dos outros para ser especial e me destacar, ou meus pais não vão me amar." E você escolheu seu caminho para ser diferente inconscientemente. Os primogênitos acreditam que têm que ser os primeiros, enquanto os segundos filhos se esforçam muito para alcançá-los. Seus pais provavelmente ficaram pasmos diante do quanto seus filhos eram diferentes. Eles normalmente se referem a essas diferenças como temperamento, mas, à medida que você ler este capítulo, poderá ver como é fácil tomar decisões de forma inconsciente sobre si mesmo e sobre os outros que impactam o desenvolvimento da sua personalidade. As áreas que você elegeu para disputar são aquelas em que você escolheu se destacar diante dos outros, e é provável que sejam áreas associadas com os valores da sua família.

Não é atípico encontrar uma criança que obedece, aceitando e adotando a abordagem dos pais sobre determinada questão, enquanto outra se rebela. Isso acontece quer os pais concordem, quer discordem sobre essa questão.

Às vezes, o segundo filho vai olhar para a talentosa criança mais velha e concluir: "Esse é o caminho para ser aceito", e então vai procurar alcançar ou superar seu(sua) irmão(ã) mais velho(a). Isso acontece normalmente se ambos têm idade próxima ou são do mesmo sexo. Se isso aconteceu no seu caso, talvez a criança mais velha na sua família tenha trocado de papel. Quando uma criança fica desencorajada, ela pensa algumas vezes: "Se eu não posso ser o primeiro sendo o melhor, eu serei o primeiro sendo o pior."

Lá vem o bebê

Quando Mindy, a caçula, entrou no palco, tudo mudou. Para os pais, parecia que seus filhos mais velhos tinham crescido um palmo da noite para o dia. De repente eles pareciam muito maiores e mais capazes do que antes de Mindy chegar. Allen e Mary agora faziam parte da equipe de apoio. Eles podiam se acalmar e se entreter, buscar coisas necessárias para o bebê, ajudar a mamãe e o papai e serem babás em caso de emergência.

Mary, agora com cinco anos, já estava pensando: "Eu sei o que fazer." Defendendo seu título de "a prestativa, madura e responsável", Mary estava confortável em seu papel de "pequena mamãe". Ela ajudava a alimentar Mindy, brincar com ela, vesti-la, mandar nela e fazer todas as coisas que Mindy era muito pequena para dar conta. Mindy poderia ter decidido, como caçula: "Eu sou a menor. Todo mundo é maior do que eu. Eu posso tropeçar e cair. Os outros podem me carregar no colo. Os outros vão cuidar de mim. A vida é moleza." O lema do caçula é: "Tenho direito." Você pode perceber como isso poderia acontecer. Todo mundo cuida do bebê da família porque essa pessoa parece muito pequena e indefesa. De novo, isso acaba não sendo uma dádiva para o caçula que, de fato, é essencialmente capaz e competente.

O que Mindy encontrou foi um cenário cheio de ação. Sua mãe e seu pai eram, algumas vezes, curtos e grossos um com o outro. Havia sempre muita coisa para fazer, eles discordavam sobre como deveriam agir e, algumas vezes, brigavam. Mindy tinha que descobrir como se enturmar e ser notada. Então, ela sorria, sussurrava, balbuciava e ria. Todos respondiam afetuosamente quando ela fazia barulhinhos engraçados e caretas fofinhas. Os membros da família de Mindy lhe disseram que ela era adorável e passavam tempo brincando com ela. Não importava o quanto estivessem ocupados, havia sempre alguém que podia cuidar das suas necessidades. Ela tinha apenas que descobrir em que momentos ela deveria acompanhar seu irmão e irmã e fazer o que eles faziam, e quando deveria se sentar e deixá-los vir até ela.

Um dia, quando Mindy tentava amarrar seus sapatos pela primeira vez, Allen aproximou-se dizendo: "Aqui, Mindy, eu faço isso para você." Mindy decidiu: "Eu não consigo fazer isso. Eu sou incapaz." Se mamãe, papai, Allen e Mary continuassem a dar atenção a Mindy toda vez que ela precisasse de alguma coisa, ela cresceria com baixa confiança e com o senso de direito a tudo. Isso geralmente acontece com o caçula. Se sempre houver alguém maior, mais velho, mais forte e mais rápido fazendo para eles o que eles deveriam estar se esforçando para aprender por si, os caçulas poderão concluir que eles nunca estarão à altura e nunca vão recuperar o atraso – então, pra que tentar? Se você é o caçula da família, você tomou decisões como essas? Você ainda tem essa atitude em seus relacionamentos atuais?

Conforme Mindy crescia, ela via sua irmã maior, Mary, ir para a escola. Mary não tinha muitos amigos, mas ela concentrava suas energias em alcançar distinção acadêmica. Muito cedo, ela decidiu que queria ser advogada. Mindy decidiu que o lugar de "boa aluna" da família já havia sido ocupado, e continuou fazendo mais daquilo em que era boa – socializar. Ela interagia tão bem que em sua família ela se destacava como "a sociável, a comunicativa".

Os professores geralmente chamavam Mindy de "tagarela" porque ela passava a aula conversando com os outros em vez de prestar atenção à lição. O telefone estava sempre tocando em casa, onde ela passava horas em visita com seus amigos. Sua mãe e seu pai a descreviam como sua "relações públicas". O que os seus pais diziam sobre você?

A menos que seus pais tenham se esforçado para incentivar a sua independência, você pode ter permanecido o "bebê" e tido menos oportunidades de aprender habilidades. Se você foi hábil em conseguir que os outros fizessem as coisas para você, talvez pudesse ser um grande líder hoje. Como caçula, talvez você fosse fofo, charmoso e brincalhão, mas talvez você se queixe com frequência que não é levado a sério. No entanto, talvez você tenha a mais alta classificação no quesito sociabilidade do que qualquer dos seus irmãos.

Atividade de conscientização: a regra dos cinco

Notícias chocantes! Muitas crianças caçulas governam a família e são o membro mais poderoso. Pense em seu próprio irmão mais novo – mesmo que seja você! Agora adicione todas as outras crianças da família, assim como os pais. A soma de todos os membros da família, com exceção do caçula, é chamada de potência – ela traduz o quanto a criança mais nova é poderosa. Por exemplo, em uma família de quatro filhos e dois pais, o caçula tem potência cinco. Todos os demais na família são menos. Se você tiver dificuldade em acreditar nisso, ou se você é o caçula que pensa em si mesmo como impotente, observe. Confira até que ponto as pessoas atendem aos caprichos ou fazem concessões ao mais novo. Quando o caçula de quatro irmãos tem 4 anos, considere como essa criança parece mais nova comparada aos outros. É difícil não tratar a criança mais nova como um bebê, mas não é útil ou encorajador para ninguém na família – especialmente para o caçula.

Perder o trono impacta a personalidade

De onde Allen, antigamente, se destacava como sendo o menor, mais novo, mais fofo e mais desafiador membro de sua família, agora ele foi destituído – alguém poderia dizer "destronado". Alguém novo tomou aquele lugar. Ele se viu em um dilema. Quem ele era e como poderia se destacar agora que a charmosa pequena Mindy chegara? O seu papel de "linguarudo, irresponsável e bagunceiro" seria suficiente para mantê-lo visível na multidão crescente?

Geralmente a criança do meio se sente espremida, nem detentora dos privilégios do mais velho, nem com a liberdade do caçula. Se você é a criança do meio, você pode ter desenvolvido um talento especial para se destacar. Ou você pode ter se sentido excluído, inseguro de sua posição. Provavelmente você teve algumas dúvidas sobre como continuaria a receber a atenção de sua família.

O lema da criança do meio é: "A vida é injusta". Por estar no meio, você vê os dois lados, portanto você pode ter ficado sensível à justiça e à imparcialidade. "A vida é injusta" é uma crença que pode ter convidado você tanto a desistir como a armar uma campanha para corrigir a injustiça. Você era um mediador em sua família? Você é um agora? Quando você está desencorajado, talvez você expresse preocupação com justiça e imparcialidade, guardando mágoa ou buscando vingança. Como filho do meio, você observou crianças que eram menores, mais novas e menos habilidosas que você. Você tinha um leque mais amplo de modelos e características para se comparar do que aquele que seus irmãos mais velhos ou mais novos tinham.

Allen tinha apenas dois anos quando Mindy entrou em cena. Os pais de Allen estavam perturbados porque ele ficou mais barulhento, sempre chorando e reclamando. Nada do que eles fizessem parecia confortá-lo. Desde o momento em que Mindy entrou para a família, ele parecia mais difícil, e parecia estar piorando. Ele era alérgico a leite, não comia a mesma comida que sua família e ainda estava molhando a cama aos 6 anos. Enquanto Mary guardava seus brinquedos quando solicitada, a mãe tinha que pedir a Allen de novo e de novo. Mary era tão prestativa que algumas vezes se intrometia e pegava os brinquedos para ele.

Às vezes, a mãe perguntava a Allen por que ele não podia ser mais parecido com sua irmã. Allen normalmente respondia dando de ombros, sem palavras. Quando Allen foi para a escola, os professores disseram: "Oh, você é irmão da Mary; estou tão feliz em tê-lo na minha classe", até eles o conhecerem. Ele em geral se desligava nas aulas, olhando pela janela, desenhando ferozmente em seu caderno. Allen havia decidido que havia espaço para apenas um "estudante" na família. Ele trouxe seu caderno para casa para mostrar a seus pais. Eles estavam impressionados com seus desenhos detalhados, assim como com a concentração e imaginação demonstradas por ele. No entanto, eles desaprovavam seus temas macabros de morte, matança e guerra; acharam perturbadores. Eles o levaram a um psiquiatra, acreditando que ele tinha problemas.

Mindy gostava de deitar no chão do quarto de Allen, desenhando em seu pequeno bloco com seus gizes de cera enquanto ele fazia esboços. Um dia, a mãe reparou os dois juntos e pegou Mindy pela mão, preocupada com a influência que seu filho "problemático" poderia ter sobre sua irmãzinha. "Você não faz o tipo artista", ela afirmou. "Por que não vem jogar um jogo comigo?"

Silenciosamente, ela se desesperou por seu filho. Ela desejou que ele encontrasse coisas mais valiosas para fazer com seu tempo além de isolar-se com um caderno, desenhando o que pareciam ser roteiros de filme de terror. Ainda que ela não dissesse em voz alta, ele sentia suas mensagens de desaprovação por meio de sua linguagem corporal e expressões faciais. "Artista", ele pensou. "Então é isso que eu sou... Complicado. Solitário. Mal-humorado."

Quando era adolescente, Allen destruiu o carro da família, usou drogas e saía na companhia de garotos que se metiam em confusão. Seus pais o ameaçaram e puniram. Eles estabeleceram regras que ele não seguia. Até planejaram enviá-lo para um colégio interno. Allen criou seu lugar na família e na escola como "o difícil". Isso o distinguia de suas irmãs, dando a ele uma grande parcela da energia e atenção de seus pais e professores, mesmo que funcionasse de modo negativo.

Agora que cada criança havia escrito sua história pessoal, os adultos involuntariamente faziam sua parte em reforçar as decisões que cada criança estava tomando. Ainda que as decisões dos filhos não tenham sido conscientes, elas deram forma para suas personalidades, trabalhando para definir cada um de seus papéis na vida. Essa é a parte do crescimento e do desenvolvimento humanos menos compreendida. Frequentemente, crianças e adultos recebem um diagnóstico para um tipo de distúrbio de personalidade ou doença mental com base em seus comportamentos. Entretanto, seus comportamentos vêm de suas decisões. Quando as crianças tomam decisões, elas não estão fazendo isso conscientemente, mas essas decisões se tornam o pano de fundo para suas personalidades e traços característicos. Que personagem você criou para si mesmo na peça da sua vida?

O filho único

Se você é filho único, pode estar se perguntando: "E eu? Eu não tive irmãos para ajudar a formar a minha personalidade!" Talvez você vá se relacionar com a história de Dan.

Quando Dan adentrou o palco da vida, ele se juntou a um casal que esperou até meados dos trinta anos para se tornarem pais. Ele era seu primeiro filho, e seria o último. Seu pai era um advogado bem-sucedido, e sua mãe acabara de se desligar de seu emprego como publicitária para ficar em casa com Dan em tempo integral. Ele era o único neto, e todos os seus dentes, passos, sorrisos, palavras e façanhas eram registradas em cadernos, vídeos e álbuns de fotos. A mãe fazia praticamente tudo para ele, inclusive cozinhar, cuidar da casa, lavar a roupa, arrumar seu almoço para a escola e pendurar suas roupas. Ele amava assistir a esportes com seu pai na televisão. Conforme crescia, ele praticou basquete, beisebol, caratê, tênis e esgrima. Seus pais tinham dinheiro para comprar os equipamentos e sua mãe tinha tempo para levá-lo aos treinos e jogos, e ambos os pais tinham tempo para assistir a seus jogos. Seus troféus ficavam alinhados na estante da sala da família. O que você imagina que Dan decidiu? O que você decidiria nas mesmas circunstâncias? "Eu posso fazer ou ter o que quiser. Eu sou a pessoa mais importante no mundo para os outros. Eu tenho toda atenção. Os outros fazem para mim. A vida proverá. A vida é ordenada e segura." Você pode perceber como o filho único pode formar percepções como essas bem cedo. Se você foi um filho único, algumas dessas ideias parecem verdadeiras para você? Imagine que influência haveria na vida do filho único Dan se seus avós também tivessem morado com a família.

Dependendo de quanto seus pais e avós concordavam sobre como criá-lo e discipliná-lo, ou no quanto de conflito havia entre eles, Dan poderia ter tomado inúmeras decisões sobre si mesmo, sobre a vida, os outros e como ele precisaria ser de forma a ser aceito. Do mesmo modo que o primogênito, o filho único entra em um mundo de adultos apenas, mas, como um caçula, nunca é destronado por um novo irmão. Como filho único, você tinha seu próprio espaço e pertences, então você pode considerar difícil compartilhar ou não ter as coisas do seu jeito. Se você decidiu que o caminho da aceitação estava pavimentado pelo comportamento dos adultos, você pode ter se tornado responsável, focado nas conquistas, independente e autossuficiente. Você pode ter estabelecido padrões altos para si mesmo, como as crianças mais velhas tendem a fazer. Mas como não havia irmãos competindo pela atenção de seus pais ou pelos recursos da família, você pode ter se acostumado a ser o centro das atenções. Por outro lado, como muitas das crianças mais novas, você tinha tudo feito para você, então pode não ter precisado desenvolver habilidades para a independência. Você pode ter se sentido incompetente, comparando-se aos adultos competentes ao seu redor. Em seu desencorajamento, pode ter decidido que era impotente e dependente. O que você decidiu como filho único depende, em grande parte, de como seus pais o trataram, porque não havia irmãos para ajudá-lo a se encaixar na família e no mundo. O lema do filho único é: "Eu sou único e exclusivo, e sou especial". Isso se enquadra para você?

Quando as crianças atingem a maioridade

Em sua vida adulta, muitas das crenças que formou desde cedo ainda servem bem a você. Elas o conduziram ao sucesso e permitiram que você atendesse aos requisitos de qualquer situação. Ainda assim, em outros momentos, essas mesmas decisões podem criar-lhe problemas. Você pode estar perdendo oportunidades que nem percebe que tem. Isso acontece se você levar as crenças que formou na infância ao extremo ou se você pensar em termos absolutos.

O que poderia acontecer se Dan, acostumado a ser o mais importante, crescesse e se casasse com Mindy, que era a mais sociável da família? Ele bem que poderia tornar-se infeliz, buscando maneiras de se sentir especial. Talvez ele gastasse muito tempo praticando esportes de modo a manter sua singularidade e senso de aceitação. E o que Mindy faria se ele reclamasse de sua sociabilidade? Ela provavelmente se sentiria pouco amada e incompreendida, e poderia gastar mais tempo com pessoas que gostassem dela como era.

Imagine Mindy crescendo e tendo filhos. Ela seria brincalhona e infantil, mas talvez encontrasse dificuldade em manter-se em dia com as tarefas domésticas e outras responsabilidades parentais. Ela poderia contratar uma ajudante doméstica, se pudesse pagar por isso, ou poderia ter esperanças de que seu marido cuidasse dela e das crianças. Sem alguém para cuidar dela, poderia se sentir tanto sobrecarregada como ressentida. Mindy poderia procurar lugares onde suas habilidades sociais fossem apreciadas, talvez liderando comitês e campanhas de arrecadação de fundos.

O que poderia acontecer com Allen quando adulto? Ele poderia se tornar viciado e acabar preso, ou poderia encontrar um meio de ter sucesso em seus dotes artísticos. Ele precisaria perceber que seus problemas de comportamento eram uma resposta à sua necessidade de encontrar uma posição especial para si em sua família, e não o resultado de algum distúrbio psicológico profundo.

Mary, que por fim tornou-se advogada, estava acostumada a pressão e a fazer malabarismo com várias bolas no ar ao mesmo tempo. Ela era capaz de abordar seus clientes ansiosos e os assistentes que a auxiliavam com a mesma atitude confiante que aprendeu quando era criança, enquanto brincava de ser a "mamãe" de seus irmãos mais novos. Mesmo assim, algumas situações eram inexplicavelmente perturbadoras para a calma e competente Mary. Quando a pressão consistia em aprender alguma coisa nova, ela sentia ansiedade e perdia o sono. Ela ficava zangada quanto tinha que adicionar alguma habilidade ao seu repertório, e se preocupava em não conseguir ser boa o suficiente para passar no teste. Se Mary não pensasse que era a primeira em sua área, ela trabalharia incansavelmente para manter o espaço que forjou para si mesma. Ela temia a perda de prestígio e amor se não atingisse seus próprios padrões altos. Isso a afastava dos colegas, que achavam Mary reservada e antipática. Eles não apreciavam passar tempo com ela fora do trabalho (não que Mary tivesse muito tempo para diversão).

Você se identifica com os adultos em nossos cenários? As decisões que você tomou quando criança ajudam ou magoam você como adulto? Você sabe que pode modificar suas decisões agora? Uma maneira de praticar isso é completar a atividade a seguir.

Plano de ação: ordem de nascimento em ação

1. Pergunte a seus amigos como eles descreveriam você usando três ou quatro adjetivos.

2. Pergunte a seus irmãos como eles descreveriam você usando três ou quatro adjetivos.

3. Descreva a si mesmo usando três ou quatro adjetivos (ou consulte aqueles que você escreveu na atividade "A torta da sua família").
4. Compare as listas. Circule os adjetivos que realmente servem para você.
5. Encontre uma foto sua atual e cole em uma folha de papel. Escreva embaixo dela os adjetivos que escolheu que cabem a você.
6. Coloque a foto em algum lugar que você possa ver com regularidade. Converse com a pessoa na foto (você), dizendo: "As vantagens de ser (primeiro adjetivo) são (liste-as)." "As desvantagens de ser (primeiro adjetivo) são (liste-as)." Faça isso para cada um dos três ou quatro adjetivos.
7. Perceba se você está se sentindo mais tolerante consigo. Lembre-se de que as limitações são aquelas que *você* coloca sobre si mesmo, e que *você pode mudar isso se quiser.* Você se sente livre para expandir-se em um novo território?

Variações do tema

Se achou que a descrição da ordem de nascimento não serviu muito bem para você, é porque atribuiu seus próprios significados para o que havia e quem estava à sua volta nos primeiros anos. Não há duas crianças mais velhas exatamente iguais, assim como não há dois filhos do meio ou caçulas. Se você é o primogênito, perseguido e superado pelo segundo filho, você pode ter se tornado desencorajado, abrindo mão do papel de realizador responsável para seus irmãos mais novos. Talvez as características típicas do segundo filho ou do filho do meio o descrevam melhor.

Você pode ser o filho do meio e identificar-se com as características do primogênito ou do caçula da família. Se você veio de uma família numerosa com grande diferença de idade entre as crianças, ou de uma família mista, sua família pode estar incluída em uma série de "conjuntos" diferentes. Enquanto apenas uma criança pode ser cronologicamente a mais velha, talvez o mais velho de dois, um grupo posterior de irmãos talvez tenha as características de um típico primogênito. (Poderíamos nos referir a essa pessoa como "o mais velho psicologicamente".) Lacunas de idade muito grandes podem ter influenciado uma criança do meio a se tornar mais como um filho único ou caçula.

O convite para permanecer dependente de pais e irmãos superprotetores pode ser recusado. Muitos caçulas decidem apressar-se o quanto podem para alcançar as "crianças maiores", insistindo em fazer as coisas sozinhos, crescendo para se tornarem proativos e dinâmicos. Talvez você seja um caçula a quem foi dada oportunidade para aprender habilidades, de quem se esperava participação, e, portanto, desenvolveu autoconfiança e cresceu para ser responsável e capaz.

Ao examinar a influência da ordem de nascimento em sua personalidade, é importante incluir crianças que morreram durante a infância, crianças natimortas ou mesmo abortadas. Os pais com frequência reagem à morte e ao aborto sendo extremamente protetores de seus filhos sobreviventes. A atitude deles impacta suas decisões sobre si mesmo e sobre a vida. No processo de decidir se e como você pode ser "bom o suficiente", você pode ter considerado impossível competir com o fantasma de um irmão.

As possíveis conclusões a que cada criança pode chegar são ilimitadas. Cada um é único. É essa habilidade criativa que conta para a incrível variedade encontrada entre os seres humanos. A atividade "A torta da sua família", que você fez anteriormente, ajuda a esclarecer como você interpretou sua posição na ordem de nascimento e decidiu como era especial. Isso vai ajudá-lo a reconhecer como sua ordem de nascimento ainda é parte de quem você é e como se relaciona com os outros.

Atividade de conscientização: com quem você se casou?

Você pode ter ouvido falar que as pessoas tendem a se unir com alguém que se pareça com seu pai ou sua mãe. Nós pensamos que é mais provável nos unirmos a alguém mais parecido com um irmão. Ou, se você é filho único, então é provável que seu parceiro seja parecido com quem quer que tenha sido um concorrente importante conforme você estava crescendo.

Se você estiver disposto a explorar essa ideia, volte ao diagrama da torta da sua família. Vire a página e escreva o nome de seu parceiro. Faça uma lista com três ou quatro características dessa pessoa que atraíram você. Agora compare ambos os lados do papel para ver se você consegue adivinhar com que irmão você desenvolveu "parceria".

Conscientização e aceitação

Conforme você está descobrindo algumas influências da infância e decisões sobre si mesmo, sobre os outros e sobre a vida, pode ficar tentado a julgar a si mesmo ou suas características, reagindo com pensamentos como "Que idiota eu tenho sido!", ou "Como sou estúpido", ou talvez "Qual é o problema com isso?" Lembre-se de que quando adotou essas convicções, você era uma criança tentando descobrir como ser aceito em sua família e como ser especial. Considerando a escassa experiência de vida e de perspectiva que você tinha na época, é inevitável que tenha cometido alguns erros. Aquelas decisões, mesmo as que agora parecem erradas, ajudaram você a atravessar a infância.

Se você cresceu em uma situação de abuso, provavelmente foi uma atitude sábia não se manifestar. Entretanto, não expressar qualquer queixa poderia atrair problemas para você em seus relacionamentos atuais. Com uma perspectiva adulta, você pode desenvolver empatia e compaixão por aquela pequena criança. A sua criança interior fez o melhor que ela poderia ter feito. À medida que você examina que decisões são úteis em sua vida hoje – e quais estão atraindo problemas –, não se apresse em reescrevê-las. Enquanto você eleva sua consciência, lembre-se de trabalhar a aceitação. Aceitação significa saber que você é um ser humano que vale a pena, apesar de suas falhas. Com aceitação, você pode analisar como ser especial do seu próprio jeito lhe traz sucesso e também dificuldades. Aceitação implica reconhecer a realidade do que é; sem isso, mudanças reais são difíceis de alcançar.

SEMANA

4

O SEU COMPORTAMENTO ESTÁ OPERANDO A SEU FAVOR?

O comportamento tem um propósito, ainda que você, provavelmente, nunca tenha pensado sobre isso dessa maneira. O comportamento é uma tentativa de alcançar alguma coisa que você deseja – nós chamamos isso de objetivo.

Há quatro objetivos para o comportamento. O primeiro, reconhecimento/atenção, trata do senso de reconhecimento e apreciação. Como todo ser humano, você precisa saber que é único e especial. Um exemplo de como as pessoas podem atingir esse objetivo de modo *útil* é contribuir ou pedir para passar tempo junto. Quando as pessoas estão desencorajadas, elas podem se envolver em tentativas *inúteis* de alcançar seus objetivos, como exigir atenção incessante.

O segundo objetivo, poder/controle, refere-se a encontrar um senso de controle em seu mundo. Isso pode ser a liberdade de fazer escolhas e decisões, ou a capacidade de prever ou ter voz no planejamento de como seu dia ou semana será. Ou poder pode ser o conhecimento de que, no final das contas, você pode fazer o que quiser. A busca útil de poder envolve pedir o que você quer. A busca inútil que advém do desencorajamento pode envolver a disputa por poder.

Justiça/imparcialidade é o terceiro objetivo. Você já ouviu muitas vezes que a vida não é justa, mesmo assim se esforça para que haja justiça em sua vida e no mundo à sua volta. Você quer que o mundo seja um lugar em que as pessoas se importem com você, onde esteja "tudo bem" ser quem você é e onde você não será explorado por causa disso. Um exemplo de busca útil desse objetivo é fazer a reparação dos seus erros, enquanto um exemplo de busca inútil é se envolver em vingança.

O quarto objetivo, habilidades/competência, trata de ter consciência de que você pode lidar com o que acontece na vida, como as tarefas do dia, relacionar-se bem com as pessoas, projetos especiais ou desafios inesperados. Você quer ter confiança de que pode aprender, se dar bem e ser bem-sucedido. Você pode se sentir encorajado ao dar pequenos passos para cumprir tarefas difíceis, ou pode permanecer desencorajado ao desistir antes de começar.

Atividade de conscientização: decifrando o código do mau comportamento

Há uma maneira rápida de descobrir se uma pessoa está buscando o que quer de maneira útil ou inútil. Chama-se ouvir os seus sentimentos! Você consegue pensar em alguém cujo comportamento seja extremamente aborrecedor? Irritante? Ofensivo? Humilhante? *Você* já foi acusado de ser aborrecedor? Irritante? Ofensivo? Humilhante? Esses são alguns dos sentimentos que você pode ter quando você ou alguém ao seu redor está se comportando de modo desencorajado ou inútil. Seus sentimentos são como um radar que pode apontar na direção certa para descobrir qual é o objetivo da pessoa. Em vez de perder seu tempo procurando a causa por que você ou alguém se comporta de determinada maneira ou, pior ainda, tentando adivinhar a quem culpar, nesta semana você aprenderá como usar um modelo de resolução de problemas para converter um comportamento desencorajado em um comportamento encorajado ao desvendar o seu objetivo.

Decifrando o código do mau comportamento

A O objetivo é:	B Se você se sente:	C E você tende a reagir:	D E se o resultado é que a outra pessoa:	E O objetivo do comportamento é:	F Imagine a pessoa dizendo:	G Respostas encorajadoras incluem:
Reconhecimento Atenção Apreciação Identidade Sentir-se especial	Aborrecido Irritado Preocupado Culpado Ansioso	Lembrando Adulando Fazendo coisas pela outra pessoa que ela mesma poderia fazer ("serviço especial")	Para temporariamente, mas depois retoma o mesmo ou outro comportamento incômodo	Ser percebida; obter vantagem especial para provar que é amada; manter os outros ocupados para, assim, ser a mais especial, ser apreciada	Perceba-me Envolva-me de maneira útil	Redirecionar ao envolver a outra pessoa em uma tarefa para ganhar atenção útil; ignorar ou tocar sem dizer uma palavra; dizer "Boa tentativa!" Dar atenção do seu jeito. Dizer como você se sente e o que você quer. Dizer "Eu te amo e___". (Ex.: Eu me importo com você e vou passar um tempo com você mais tarde). Evitar dar uma vantagem especial; confiar na capacidade dela de lidar com os sentimentos (não consertar ou resgatar); planejar momentos especiais; planejar rotinas e fazer o acompanhamento; envolvê-la na resolução de problemas; combinar sinais não verbais; validar os sentimentos. Dizer à pessoa que ela é especial. Manter-se fisicamente afastado, se necessário.

(continua)

O seu comportamento está operando a seu favor?

Decifrando o código do mau comportamento (continuação)

A O objetivo é:	B Se você se sente:	C E você tende a reagir:	D E se o resultado é que a outra pessoa:	E O objetivo do comportamento é:	F Imagine a pessoa dizendo:	G Respostas encorajadoras incluem:
Poder Controle	Desafiado Ameaçado Derrotado Bravo	Brigando Cedendo Pensando: "Você não vai escapar dessa" ou "Eu vou forçar você". Querendo ter razão	Intensifica o comportamento Concorda de forma desafiadora Sente que ganha quando o outro fica chateado Busca o poder passivo	Ser a chefe de si mesma, estar no controle Provar que ninguém pode mandar nela ou forçá-la a fazer nada; ninguém pode dizer a ela o que fazer	Deixe-me ajudar Dê-me escolhas	Redirecionar para o poder positivo ao pedir ajuda; oferecer escolhas limitadas; não brigar e não ceder; retirar-se do conflito; ser gentil e firme; agir; não falar; decidir o que você vai fazer; deixar que as rotinas sejam o chefe; afastar-se e acalmar-se antes de intervir; cultivar o respeito mútuo; estabelecer alguns limites razoáveis; praticar o acompanhamento. Admitir que você não pode fazer uma pessoa querer o que você quer, mas que você gostaria da ajuda dela. Concordar em discordar. Definir um momento para trabalharem em soluções juntos.

(continua)

O seu comportamento está operando a seu favor?

Decifrando o código do mau comportamento (continuação)

A O objetivo é:	B Se você se sente:	C E você tende a reagir:	D E se o resultado é que a outra pessoa:	E O objetivo do comportamento é:	F Imagine a pessoa dizendo:	G Respostas encorajadoras incluem:
Justiça Imparcialidade	Magoado Desapontado Descrente Desiludido Triste/ Chateado	Retaliando Ajustando contas Pensando "Como você pôde fazer isso comigo?"	Faz retaliação Intensifica Agrava o mesmo comportamento ou escolhe outra "arma"	Ajustar as contas; magoar os outros do mesmo jeito que se sente magoada Pensa "Ninguém se importa comigo, então não vou me importar com eles", ou "Não há justiça, então não tenho que seguir as regras também", ou se percebe detestável/ incapaz de ser amado. Pune a si mesma e aos outros	Estou sofrendo Reconheça e valide meus sentimentos	Validar os sentimentos feridos; converter sentimentos feridos em compaixão; acalmar-se e então recorrer à resolução de problemas juntos; em vez de punir ou retaliar, compartilhar seus sentimentos; cultivar a confiança; utilizar escuta reflexiva; fazer reparações; demonstrar que se importa; agir, não falar; encorajar os pontos fortes. Ser um amigo. Dar um abraço. Não levar o comportamento do outro para o lado pessoal. Reparar a amizade antes de pensar em resolver o problema.

(continua)

Decifrando o código do mau comportamento (continuação)

A O objetivo é:	B Se você se sente:	C E você tende a reagir:	D E se o resultado é que a outra pessoa:	E O objetivo do comportamento é:	F Imagine a pessoa dizendo:	G Respostas encorajadoras incluem:
Habilidades Competências	Desesperado Impotente Desamparado Derrotado	Desistindo Ajudando além do necessário	Recua ainda mais Permanece passiva Não melhora Não responde	Deixar que os outros desistam dela, ser deixada sozinha; não encarar as expectativas; aparentar impotência e incapacidade. Acreditar "qualquer coisa que eu faça não será boa o suficiente – então por que me preocupar em tentar?" Comparar-se aos outros	Não desista de mim Mostre-me um pequeno passo	Dividir a tarefa em pequenos passos; substituir toda crítica por encorajamento; encorajar toda tentativa positiva, dizer que tem confiança em sua capacidade; focar os pontos fortes; não ter pena; não desistir; estabelecer oportunidades para o sucesso; ensinar habilidades e demonstrar como fazer, mas não fazer por ela, fazer com ela. Apreciá-la: basear-se nos interesses dela. Encontrar uma maneira de começar. Lembrá-la de que ela fará o que é necessário quando estiver pronta. Lembrá-la de que o aprendizado vem dos erros cometidos e de que pode tentar de novo.

O seu comportamento está operando a seu favor?

1. Usando o quadro **Decifrando o código do mau comportamento**, olhe para a lista dos sentimentos na **coluna B.**
2. Agora, lembre-se de um momento em que alguém perto de você se comportou de uma maneira que pareceu muito inapropriada. Veja se pode encontrar o grupo de sentimentos na coluna B que mais se aproxima do que você sentiu quando o fato aconteceu. Veja a célula correspondente na **coluna A**, que mostra o que a pessoa quer. A pessoa consegue obter o que deseja de maneira útil ou inútil?
3. Se você deseja ser um consultor em encorajamento, siga o conselho da **coluna F** e imagine a pessoa dizendo as palavras listadas no quadro. A seguir, utilize uma das sugestões listadas na **coluna G** ou o baralho *Disciplina Positiva para educar os filhos* para encontrar mais ideias que podem conduzir a um comportamento encorajador.

Reagir ao comportamento desencorajado conduz a mais desencorajamento

Você pode piorar as coisas ao reagir ao comportamento inútil (isso é da natureza humana, infelizmente), o que apenas ajuda a pessoa a permanecer desencorajada, mesmo que essa não seja, obviamente, a sua intenção. Aqui estão alguns exemplos de pessoas cujos comportamentos reativos são movidos por seus sentimentos, como mostrado na **coluna B**. Ao longo da leitura, pense em situações em que você vivenciou aqueles sentimentos, para que possa utilizá-los como uma ferramenta de conscientização, caso alguém próximo esteja se sentindo desencorajado e se comportando mal.

Simon, que habitualmente espera mais de meia hora até seu irmão aparecer, *sente-se aborrecido* todas as vezes. Ainda assim, ele cria desculpas repetidamente para seu irmão, argumentando que, diferente dele mesmo, Simon, ele é apenas "irresponsável". O aborrecimento de Simon é a pista de que está lidando com a questão de reconhecimento/atenção de seu irmão. O irmão de Simon, provavelmente, aprendeu esses comportamentos quando era pequeno e então os aperfeiçoou conforme se tornou mais velho. É provável que ele não tenha ideia de que estar atrasado seja seu modo de se sentir especial, ou que ter seu irmão arranjando desculpas por ele lhe dê o reconhecimento de ser uma criança irresponsável. Ao arranjar desculpas para seu irmão, Simon mantém o ciclo de desrespeito se repetindo. Simon é reativo e desencorajado, e não percebe que possui escolhas para a forma de responder que fariam com que ele se sentisse melhor e, provavelmente, ajudariam seu irmão a desistir desse hábito desrespeitoso. Simon poderia olhar para a coluna B no quadro a fim de ajudá-lo a descobrir o propósito do comportamento de seu irmão.

Quando o chefe de Mindy dá uma bronca nela na frente de um cliente, ela engole sua *raiva*, racionaliza que o comportamento dele tem origem em um casamento infeliz e que ela é culpada por fazê-lo explodir porque cometeu um erro. Por causa da raiva que sente, Mindy tem certeza de que ela está diante de uma questão de disputa por poder/controle. O chefe de Mindy lida com o estresse culpando e atacando os outros, enquanto Mindy lida com sua raiva guardando-a para si e não a manifestando. Ela também analisa a situação em excesso, tentando se convencer de que o comportamento do seu chefe é causado por sua situação em casa. Ambos estão sendo reativos e usando estratégias que, provavelmente, aprimoraram quando crianças. Se Mindy olhasse a coluna B e encontrasse a expressão com *raiva*, ela estaria bem encaminhada para compreender o objetivo do comportamento do seu chefe e encontrar estratégias mais efetivas que ela poderia usar para lidar com isso.

Grace sente-se *desapontada* consigo mesma quando come os doces do Dia das Bruxas que sobraram no quarto de seu filho; ela decidiu que é uma pessoa fraca, sem qualquer autocontrole. A questão de Grace é sobre justiça/ imparcialidade. É possível que Grace tenha grande menosprezo por si mesma e se puna (inconscientemente), comendo em excesso ou ingerindo alimentos carregados de calorias e açúcar. Também é possível que Grace pense que a vida não é justa porque os outros podem comer o que quiserem sem ganhar peso, e ela é a única que não consegue escapar de satisfazer suas vontades. A pista de que o comportamento de Grace é sobre justiça/imparcialidade é o seu sentimento de desapontamento. Ao olhar para a coluna B do quadro, Grace poderia dar passos positivos para sentir-se encorajada.

Whitney está *desesperada*. Ela acredita que o marido tem casos amorosos porque é viciado em sexo e não é capaz de mudar. Se Whitney refletisse sobre o objetivo do comportamento do marido, em vez de focar no que ela considera a causa dele (o vício), poderia enxergar opções. Em vez disso, ela se sente desesperada, acreditando que a situação está perdida e que não há esperança de mudá-la. Se pudéssemos direcionar Whitney para o quadro, ela poderia começar a pensar ou a se comportar de maneira a dar-se um sentimento de competência em seu casamento.

Observe o resultado da sua reação – colunas C e D

Vamos voltar a Simon, Mindy, Grace e Whitney. Se eles olhassem para as **colunas C** e **D** e se perguntassem o que fariam na situação em questão, e que resultados teriam, certamente se sentiriam mais desencorajados. Pense nesse processo como uma pesquisa sobre os objetivos equivocados de comportamento, observando o que não funciona para fazer a situação melhorar. Preste atenção se você se comporta de maneira semelhante quando se sente como Simon, Mindy, Grace e Whitney se sentiram.

Para Simon, que reclamou dos atrasos de seu irmão, o resultado foi que seu irmão se desculpava; mas, nas próximas dez vezes, ele se atrasou como de costume. Para Mindy, que cedeu e engoliu sua raiva, o resultado foi que seu chefe intensificou o comportamento, continuando a culpá-la e desrespeitá-la publicamente. Para Grace, que estava desapontada consigo mesma por entrar escondida no quarto do filho e comer o resto dos seus doces do Dia das Bruxas, o resultado foi que, quando ficava sem doces, ela se punia devorando qualquer outra coisa pouco saudável e cheia de calorias que encontrasse pela casa. Whitney abandonou seu marido e afastou-se, com medo de abordar o assunto de seus casos extraconjugais, porque pensava que, qualquer que fosse sua atitude, nada ajudaria, então não havia por que tentar.

Atividade de conscientização: tente você mesmo os passos 1 e 2

Escolha uma situação para trabalhar na qual você gostaria de melhorar. Descreva, resumidamente, essa situação. Então, escreva quais foram os seus sentimentos diante da situação. Se você tiver dificuldade em encontrar as palavras para descrever seus sentimentos, observe a coluna B do quadro para ajudá-lo. Escreva-os. Se você se sentiu irritado, aborrecido, culpado ou preocupado, esses sentimentos demonstram que seu comportamento (o seu ou o de alguém) refere-se a reconhecimento/atenção. Se você se sentiu com raiva, frustrado, desafiado, derrotado ou ameaçado, o seu comportamento ou o de alguém (ou ambos) tem a ver com poder/controle. Sentir-se magoado, indignado, desapontado ou incrédulo indica que o tema é sobre justiça/imparcialidade. Finalmente, se você se sente desesperançoso, desamparado, inadequado ou desesperado em resposta ao comportamento de alguém (até mesmo ao seu próprio), esses sentimentos são um sinal de que alguém com quem você está se relacionando – e essa pessoa pode ser você mesmo – está tomando o caminho do desencorajamento quanto às habilidades/competência.

Continue escrevendo: Quando se sentiu desse jeito, o que você fez? Qual foi o resultado? O seu comportamento melhorou a situação? Piorou? Se fez a situação ficar pior, você estava agindo mal. Se melhorou, provavelmente você estava agindo de modo proativo e respeitoso.

Olhe novamente para o quadro **Decifrando o código do mau comportamento**. Se você encontrar seus sentimentos (coluna B), suas reações (coluna C) e a resposta do outro (coluna D), pode ter certeza de que um de vocês, ou ambos, está desencorajado.

Responda de maneira proativa para encorajar - colunas E, F e G

Suas reações, tão humanas e normais quanto possível, são, contudo, ineficazes. Elas apenas reforçam a interpretação equivocada. Agora, observe as últimas três colunas do quadro. Vamos começar pela **coluna E**, o objetivo do comportamento. A pessoa não se comporta de maneira desencorajada de propósito. Em vez disso, ela se comporta daquela maneira *com um propósito*, e de modo geral está completamente inconsciente disso. Se você fosse confrontar alguém dizendo " Você só quer atenção" ou "Você está atrás de poder" ou "Você está tentando fazer justiça" ou "Você está cedendo porque acredita que nunca pode ter sucesso nesta área", a pessoa pode ficar chocada e na defensiva. Em uma abordagem suave se poderia dizer "Às vezes, me pergunto se...". Não se surpreenda se esse tipo de comentário ainda gerar muita defensividade. Esperamos que você utilize essa informação para aumentar sua compreensão, de modo que aprenda a ser proativo em vez de reativo, assim poderá ser um consultor em encorajamento.

Preste especial atenção à **coluna F** ("Imagine a pessoa dizendo:"), porque ela inspira ideias sobre como ser encorajador e sobre como deixar de se equivocar naquela situação em particular. É assim que você decifra o código do comportamento e descobre qual é a mensagem escondida por trás dele.

A **coluna G** ("Respostas encorajadoras incluem:") está repleta de exemplos e sugestões sobre como você pode ser bem-sucedido em encorajar a si mesmo e aos outros em situações ou relacionamentos. Apenas quando você se torna proativo e ponderado, utilizando as ideias observadas aqui, é que ganha o potencial de modificar os resultados.

É interessante como os seres humanos parecem condicionados a se comportar de maneira a piorar as situações quando alguém à sua volta está desencorajado. Nós chamamos isso de comportamento reativo. Simon, Mindy, Grace e Whitney se tornaram mais encorajados ao usar o quadro deste capítulo para ajudá-los a decidir deixar de lado o que não estava funcionando e tentar algo mais encorajador e proativo em seu lugar.

Simon se sentia bem e ao mesmo tempo cansado ao alternar entre desculpar o atraso crônico de seu irmão e queixar-se repetidamente, e de reclamar com ele por causa disso. Ele percebeu que suas reações – e os resultados delas – eram uma evidência de que estava lidando com um problema de reconhecimento, portanto ele decidiu tentar algo diferente. Escolheu duas ideias da coluna G do quadro. Primeiro, ele disse ao irmão o que faria: "Eu amo você e não quero continuar me sentindo tão aborrecido por você se atrasar. Vou apenas seguir em frente e 'começar' o que quer que tenhamos planejado na hora em que combinamos – seja fazer o pedido da refeição ou começar a caminhar." A seguir, ele implementou uma rotina para um momento especial, telefonando para seu irmão todo domingo à tarde para conversar e ver como ele estava passando, sem levar em consideração o que ele teve que "começar sem ele" recentemente.

Mindy estava cansada de se sentir furiosa e impotente à medida que seu chefe intensificava as críticas sobre ela em público. Mas, enquanto lia este livro, ela reconheceu que estava presa ao desencorajamento, sofrendo em silêncio e agindo como se não merecesse o respeito do chefe por ter cometido um erro. Ainda assim, alguma coisa teria que mudar. Ela sabia que abandonaria o emprego se não fizesse nada. Conforme refletiu sobre a questão do poder (ou, enquanto ela pensava nisso em seu caso, *impotência*), ela se concentrou nas escolhas que tinha e decidiu *pedir ajuda a ele*. Na manhã seguinte, Mindy disse ao seu chefe, reservadamente: "Eu quero fazer o melhor trabalho possível aqui e sei o quanto tenho a aprender. Eu percebo o quanto você detesta quando cometo um erro, e eu também me sinto assim. Então quero pedir a sua ajuda. Quando você expõe meus erros na frente de todo mundo, como ontem, eu me sinto muito transtornada para aprender ou mudar qualquer coisa em uma próxima vez, então nenhum de nós dois ganha com isso. Você pode me ajudar a aprender mais e fazer melhor conversando comigo em particular quando alguma coisa como essa acontecer?". Apesar de seu chefe parecer hesitante quando concordou, Mindy já tinha decidido o que faria se ele a destratasse novamente em uma reunião. Ela tinha se imaginado sugerindo que eles poderiam conversar sobre o problema com mais detalhes mais tarde. Ela inclusive fantasiou deixar a sala enquanto ele começava a brigar e, apesar de ter esperanças de que a situação não chegasse a esse ponto, ela se sentiu preparada.

Grace estudou o quadro e percebeu imediatamente que os problemas com ela mesma eram sobre justiça. Ela reconheceu sua compulsão alimentar progressiva pela casa depois de atacar os doces do Dia das Bruxas do filho como uma vingança por sua "transgressão". A essa altura, seu desapontamento havia se convertido em repulsa. Ela tinha os olhos cheios d'água quando leu, nas colunas E e F, "Se percebe detestável/incapaz de ser amado. Pune a si mesma e aos outros" e "Estou sofrendo". A ideia de sentir-se encorajada parecia um longo caminho a percorrer. Grace teve que ler a coluna G em voz alta três vezes antes que isso começasse a fazer sentido, e ela pôde se comprometer a tentar pelo menos uma coisa. Ela escolheu "Validar os sentimentos feridos; converter sentimentos feridos em compaixão; acalmar-se e, então, seguir a resolução de problemas; encorajar os pontos fortes". Mesmo sentindo-se tola no começo, ela continuou a dizer a si mesma que se sentia magoada e que não era uma má pessoa. Então, quando se sentiu mais calma, pediu a um amigo para ajudá-la a resolver o problema. Juntos, eles pensaram em tipos de lanches de que ela gostava, que fossem saudáveis e deliciosos, e Grace fez um estoque deles em casa. Ela também perguntou aos filhos se eles poderiam jogar fora ou esconder dela os outros doces.

Como estava convencida da incapacidade de seu marido de mudar, Whitney quase pulou a parte do livro sobre o objetivo do comportamento. Ela duvidou de que a informação seria útil em uma situação como a dela. Mas a autoritária Barbara colocou cópias do quadro em seus bolsos, na sua geladeira, no porta-luvas do seu carro, assim como em muitos outros lugares, até que Whitney gritou "Eu me rendo!" e começou a ler em voz alta, pacientemente. À medida que lia as colunas do quadro e dizia as palavras "desesperar", "desistir", "recuar" e "Não vale a pena tentar", um rubor iluminou seu rosto como uma árvore de Natal. Ela disse que, quando leu na coluna F ("Imagine a pessoa dizendo:"), "não desista de mim" e "mostre-me um pequeno passo", ela só queria chorar.

"Isso é tudo o que eu quero", ela disse, "... e eu acho que ele deve querer isso também". Whitney e seu marido representam um bom exemplo de como um engano, o mau comportamento e o desencorajamento podem ser contagiosos. Ela perguntou ao marido se eles poderiam agir juntos para não desistir um do outro, reconhecendo que ambos cometeram erros. Ela também sugeriu que encontrassem um bom terapeuta que pudesse ajudá-los a reparar o relacionamento ferido e mostrar a eles pequenos passos para a mudança.

Atividade de conscientização: comportamentos úteis e inúteis de quando você era criança

1. Lembre-se de quando você era criança e escolha uma idade.
2. Escreva o que você fez para conseguir atenção e reconhecimento quando era criança.

3. Escreva o que você fez para ter voz e poder quando era um adolescente.

4. Escreva sobre momentos em que você se sentiu magoado, e então liste o que você fez para remediar a situação.

5. Descreva momentos em que você se sentiu desesperançoso e desamparado. O que você fez para se sentir mais encorajado?

6. Observe suas listas e perceba se seus comportamentos foram úteis ou inúteis, e se você se sentiu encorajado ou desencorajado a tentar conquistar o que desejava.

Atividade de conscientização: qual é o objetivo do seu "diagnóstico"?

Você tem um diagnóstico que se aplica a si mesmo? É desequilíbrio químico, depressão crônica, déficit de atenção, transtorno obsessivo compulsivo, analfabetismo tecnológico, alergias, inaptidão social, preguiça, uma deficiência de aprendizagem ou outra coisa? Pergunte a si mesmo de que maneira seu diagnóstico tem ajudado você a ganhar reconhecimento/atenção, poder/controle, justiça/imparcialidade.

Plano de ação: usar encorajamento em tempo real

Independentemente do tipo de mau comportamento que você esteja combatendo agora, encorajamento é um antídoto universal. Ao rever a coluna G no quadro, você descobrirá que muitas das sugestões encorajadoras, incluindo as sugestões seguintes, aplicam-se a mais de um objetivo. Você pode encorajar a si mesmo escrevendo o que já faz bem, e tomando notas do que tentará enquanto desenvolver seu trabalho como consultor em encorajamento para si e para os outros.

Encorajamento para cada objetivo

Algumas dicas de comunicação e comportamentos proativos são úteis, independentemente do desencorajamento que você esteja enfrentando. Leia abaixo:

- **Apenas diga não.** Se você não quer fazer alguma coisa, está perfeitamente bem dizer não. Você não tem que inventar desculpas como "Estou doente" ou "Eu esqueci". Você pode dizer "Eu bem que gostaria, mas não". Então mantenha-se no "não". Não deixe que outra pessoa lhe pressione ou importune até que você mude de ideia. Elas sobreviverão e você também. Esse é um modo especialmente eficaz de transformar um equívoco em encorajamento quando você sentir culpa e pensar que é sua tarefa consertar tudo.
- **Apenas diga o que você quer.** Quando quiser ser percebido, apreciado ou reconhecido por alguma coisa, diga a alguém e peça isso. Pedir é direto e respeitoso, enquanto dar indiretas é irritante. As pessoas não leem mentes, então nunca podem descobrir o que você quer ou precisa a não ser que você diga a elas. Quando você está com raiva, ser honesto emocionalmente é uma ótima maneira de evitar enganos e ajudar os outros a serem mais respeitosos. Se seus sentimentos estão feridos, você pode admitir. Se você está muito cansado, diga isso. Se você está entediado e quer fazer outra coisa, assuma a responsabilidade por seus sentimentos; você não tem que culpar mais ninguém. Apenas cuide de você.
- **Demonstre que se importa.** Planeje momentos especiais com pessoas importantes na sua vida para que elas não tenham que importuná-lo para ter sua atenção. Se é importante para você passar tempo com as pessoas para que saibam o quanto você se importa com elas, marque isso no seu calendário ou estabeleça uma data regular. Pode ser uma refeição juntos,

um encontro para dar um passeio, ou algo simples como uma ligação telefônica semanal.

- **Torne isso gerenciável.** Se algo parecer muito difícil, peça a alguém para esperar até que você esteja pronto, ou peça-lhe para mostrar a você um pequeno passo para começar. Se seus esforços para melhorar estão resultando em nada, dê um tempo e tente de novo em outro momento. Se você estiver se sentindo sem esperança ou desamparado, tudo bem dizer "Eu estou pronto para trabalhar nisso quando você estiver. Avise-me quando estiver pronto."

- **Separe-se fisicamente.** Esta pode ser uma boa solução para qualquer um dos comportamentos desencorajados. Isso pode ajudá-lo a ignorar uma tentativa de atenção indevida, evitar se envolver em uma disputa por poder ou abster-se de retaliação em uma tentativa desencorajada de justiça. Isso pode dar tempo a você para pensar e restaurar sua confiança nos outros quando eles estiverem tentando convencê-lo a desistir deles.

- **Diga como se sente, peça o que você quer e ouça sem criticar.** Você se sentirá melhor, mesmo que isso não mude o seu relacionamento.

- **Decida o que você irá fazer para cuidar das próprias necessidades, estabeleça seus limites e mantenha-se firme e gentil.** Estas também são respostas proativas para qualquer comportamento equivocado. Mesmo que você não consiga impactar positivamente um relacionamento em particular, estará praticando competências que lhe ajudarão em muitas outras situações.

Pessoas ajudam pessoas a resolverem problemas passo a passo

Se você tem estudado a Disciplina Positiva, provavelmente já participou das atividades de "Pais ajudam pais a resolverem problemas" ou de "Professores ajudam professores a resolverem problemas". Como consultor em encorajamento, com algumas modificações, você pode usar esses passos para ajudar a si mesmo e aos outros a se sentirem e fazerem melhor. Você mostrará às pessoas como encontrar soluções para problemas reais, de modo que elas possam seguir sentindo-se encorajadas e esperançosas. Você já percebeu o quanto é fácil resolver os problemas das outras pessoas? O motivo é óbvio.

Você pode trazer objetividade e perspectiva para os problemas dos outros quando não está emocionalmente envolvido. Assim como você pode facilmente ajudar alguém a resolver seus problemas, um amigo também pode ajudar você a resolver os seus – usando a atividade Pessoas ajudam pessoas a resolverem problemas (PAP) passo a passo. O segredo é *seguir os passos com exatidão e confiar no processo*.

Utilize os passos para encorajar uma pessoa que esteja com um problema. Não há necessidade de escrever nada além das sugestões levantadas. Os passos levarão a pessoa que apresentou o problema a desenvolver um plano de ação.

Se você está trabalhando com um grupo, certifique-se de que todos os participantes tenham uma cópia dos passos para que possam acompanhar enquanto você lê cada um. Agora relaxe e faça as perguntas ao seu amigo.

Plano de ação: atividade Pessoas ajudam pessoas a resolverem problemas (PAP) passo a passo
[Adaptado do trabalho de Lynn Lott e Jane Nelsen]

1. Tenha em mãos uma cópia destes passos e cubra, com uma folha de papel, todos os demais passos, menos o primeiro. Descubra um passo de cada vez e leia-o para que você possa responder à informação. Não analise ou adicione informações que não estejam no passo. Exatamente – NADA DE ANÁLISES.
2. Pergunte à pessoa com o problema: "Com quem ou com o que você está tendo um problema?"
3. Peça a ela que dê um título com uma só palavra ou uma frase para o problema.
4. Peça que ela descreva a última vez que o problema aconteceu. Peça-lhe que use detalhes suficientes e diálogos (como em um roteiro de filme) para que o problema possa ser encenado em um momento mais à frente. Pergunte a ela: "O que você fez?" "O que a outra pessoa fez?" "Então, o que aconteceu?" "O que aconteceu depois?"
5. Pergunte: "Como você se sentiu?" Se ela tiver dificuldade para expressar o sentimento em uma palavra, direcione-a para a coluna B do quadro **Decifrando o código do mau comportamento**, pedindo que escolha um grupo de sentimentos que se encaixe no que ela sente.

6. Baseado nos sentimentos que ela expressar, use o quadro para supor o objetivo equivocado da outra pessoa na situação.
7. Pergunte: "Você estaria disposto a tentar alguma coisa diferente?"
8. Organize e encene o que a pessoa descreveu. Lembre-se de que, ao dar todas as informações necessárias, a cena pode durar apenas um ou dois minutos. Deixe a pessoa que apresentou o problema interpretar a pessoa com quem ela está tendo o problema, e você ou os outros farão a pessoa que se voluntariou procurando ajuda.
9. Depois da encenação, cada um de vocês compartilha o que estava pensando, sentindo e decidindo (fazer) com base nas pessoas que interpretaram.
10. Todas as pessoas presentes podem elaborar possíveis soluções para o problema. Escreva todas as ideias. Use a coluna G do quadro ou consulte o baralho da Disciplina Positiva para mais ideias.
11. Peça à pessoa com o problema que escolha uma sugestão que ela gostaria de tentar por uma semana.
12. Encene a sugestão escolhida para que possam praticar. Desta vez, peça para a pessoa interpretar a si mesma. Você ou mais alguém do grupo interpreta a pessoa com quem ela está vivendo o problema. Reflita os pensamentos, sentimentos e decisões depois da encenação, como você fez no passo 9.
13. Pergunte à pessoa com o problema se ela está disposta a tentar a sugestão por uma semana e compartilhar os resultados com você na semana que vem.
14. Expresse reconhecimento à pessoa com o problema pelo trabalho que ela acaba de realizar.

PAP em ação

Veja como o processo deu certo para Joel em um grupo pequeno de amigos que estavam estudando este livro, e que se encontravam regularmente para um apoio mútuo e para discutir o que estavam aprendendo.

1. Tenha em mãos uma cópia destes passos e cubra, com uma folha de papel, todos os demais passos, menos o primeiro. Descubra um passo de cada vez e leia-o para que você possa responder à informação. Não analise ou adicione informações que não estejam no passo. Exatamente – NADA DE ANÁLISES.

2. Pergunte à pessoa com o problema: "Com quem ou com o que você está tendo um problema?"
Tenho um problema com minha falta de habilidade para controlar meu apetite.

3. Peça a ela que dê um título com uma só palavra ou uma frase para o problema.
Eu exagero.

4. Peça que ela descreva a última vez que o problema aconteceu. Peça-lhe que use detalhes suficientes e diálogos (como em um roteiro de filme) para que o problema possa ser encenado em um momento mais à frente. Pergunte a ela: "O que você fez?" "O que a outra pessoa fez?" "Então, o que aconteceu?" "O que aconteceu depois?"
Eu digo a mim mesmo que serei fiel ao que vou comer e como vou comer. Eu vou bem até certo ponto e então fico frustrado ou distraído e começo a comer qualquer coisa que esteja à minha volta.
Quando faço isso, naquele momento é muito satisfatório, e no segundo seguinte eu fico muito chateado comigo mesmo. Eu tento voltar para os eixos e ter bons pensamentos. Eu digo a mim mesmo "Eu cometi um erro e posso tentar de novo", mas eu tenho muita dificuldade para superar o sentimento de ter desapontado a mim mesmo.
Eu gasto um bom tempo me castigando. Provavelmente eu nem como por um tempo. Eu entro em contato comigo de novo dizendo: "Deixe-me tentar de novo, e ter esperança de que, talvez da próxima vez, eu faça alguma coisa para interromper esse comportamento."

5. Pergunte: "Como você se sentiu?" Se ele tiver dificuldade para expressar o sentimento em uma palavra, direcione-o para a coluna B do quadro **Decifrando o código do mau comportamento**, pedindo que escolha um grupo de sentimentos que se encaixe no que ele sente.
Desapontado, frustrado, desesperançoso, envergonhado.

6. Baseado nos sentimentos expressados, use o quadro para supor o objetivo equivocado da outra pessoa na situação.
Vingança.

7. Pergunte: "Você estaria disposto a tentar alguma coisa diferente?"
Sim.

8. Organize e encene o que a pessoa descreveu. Lembre-se de que, ao dar todas as informações necessárias, a cena pode durar apenas um ou dois minutos. Deixe a pessoa que apresentou o problema interpretar a pessoa com quem ela está tendo o problema, e você ou os outros farão a pessoa que se voluntariou procurando ajuda.

   (Como esse problema de relacionamento é sobre a pessoa consigo mesma, Lynn interpretou seus pensamentos e Joel interpretou a si mesmo.)

   Lynn (atuando como os pensamentos de Joel): *Olha, você sabe que está com fome. Pegue alguma coisa para comer.*

   Joel: *Não, desta vez eu vou comer melhor.*

   Pensamentos do Joel: *Isso é ridículo. Você se segura por um tempo e depois acaba na padaria. Acabe com a miséria e vá para a padaria agora.*

   Joel: *Mas eu me sinto muito mal quando faço isso.*

   Pensamentos do Joel: *Na sua idade, você pode parar de se preocupar com o peso e comer o que quiser.*

9. Depois da encenação, cada um de vocês compartilha o que estava pensando, sentindo e decidindo (fazer) com base nas pessoas que interpretaram.

   Lynn, interpretando os pensamentos de Joel: *Eu estava pensando, isso é apenas um jogo que eu faço e posso usá-lo sempre. Sinto-me determinado a me ater a ele até conseguir o que quero, de preferência alguma coisa doce! O que eu decido fazer é desgastar Joel até conseguir fazer do meu jeito. É um hábito antigo que posso fazer sem pensar.*

   Joel: *Estou pensando que estou absolutamente confuso a respeito do meu inconsciente. Sinto frustração. Fico indo e voltando na minha mente, entre pensar que posso interromper esse ciclo e admitindo que nunca serei capaz de lidar com isso.*

10. Todas as pessoas presentes podem elaborar possíveis soluções para o problema. Escreva todas as ideias. Use a coluna G do quadro ou consulte o baralho de cartas da Disciplina Positiva para mais ideias.

    Tornar-se um monge trapista* que só pode comer o que alguém lhe oferece; conversar com outra pessoa além de si mesmo; associar-se a um grupo de apoio como co-

---

* N.T.: Trapistas são uma ordem religiosa católica. Vivem em comunidade, em mosteiros afastados da cidade e segundo regras muito rígidas, em um ambiente de contemplação e silêncio. Fonte: https://www.ocso.org/

medores compulsivos anônimos; cadastrar-se em um programa que entrega comida e comer apenas o que eles entregarem; dizer a si mesmo que já está velho o suficiente para comer o que bem quiser e parar de se preocupar com isso; continuar fazendo o que vem fazendo, esperando que o que não esteja funcionando, em algum momento, dê um resultado diferente; estabelecer uma rotina.

11. Peça à pessoa com o problema que escolha uma sugestão que ela gostaria de tentar por uma semana.
   Estabelecer uma rotina.

12. Encene a sugestão escolhida para que possam praticar. Desta vez, peça para a pessoa interpretar a si mesma. Você ou mais alguém do grupo interpreta a pessoa com quem ela está vivendo o problema. Reflita os pensamentos, sentimentos e decisões depois da encenação, como você fez no passo 9.
   Joel: *Eu defini uma rotina e vou segui-la à risca.*
   Pensamentos do Joel: *Você sabe que não vai. Você nunca segue.*
   Joel: *Quando eu engano a mim mesmo, me sinto mal no final. Eu quero parar de me enganar.*
   Pensamentos do Joel: *O que será diferente?*
   Joel: *Eu vou me sentar e escrever a rotina assim que sair do trabalho.*
   Pensamentos do Joel: *Isso soa familiar. Eu acho que você vai deixar isso de lado e então fará a mesmíssima coisa.*
   Joel: *Eu farei isso quando sair do trabalho; e quando o fizer, vou chamar minha esposa.*

13. Pergunte à pessoa com o problema se ela está disposta a tentar a sugestão por uma semana e compartilhar os resultados com você ao final da semana.
   Sim!

14. Expresse reconhecimento à pessoa com o problema pelo trabalho que ela acaba de realizar.
   Lynn: *Eu agradeço sua ajuda em me trazer um grande problema. Tenho certeza de que muitas pessoas podem se identificar com esse problema e receberão grande ajuda do seu trabalho. Eu aprecio sua honestidade em falar sobre esse assunto. Eu sei que é difícil.*

Notícias-relâmpago: nem sempre você pode melhorar os relacionamentos

Há situações em que você não poderá curar ou melhorar um relacionamento. Se alguém não está disposto ou relutante em se comunicar com respeito, recusa-se a considerar seu próprio comportamento, não coopera ou resolve problemas, e não faz qualquer esforço, sua única opção é encorajar a si mesmo. Encorajamento não é uma ferramenta para manipular os outros a fim de que façam o que você quer que eles façam. Em vez disso, é uma maneira de influenciar a atmosfera de seus relacionamentos, o que acaba por tentar – porém não garante – interações mais saudáveis. Algumas pessoas não querem mudar, não importa o quão encorajador você seja.

É importante lembrar que pessoas desencorajadas, na maioria das vezes, não calculam ou planejam com antecedência o comportamento quando buscam atender a suas necessidades de relacionamento de maneiras inúteis. Uma vez que você compreende o propósito do comportamento, você pode flagrar a si mesmo e aos outros utilizando caminhos desencorajadores para alcançar os quatro objetivos humanos universais. Você pode se tornar encorajador, em vez de reativo, em sua resposta. Todos os amigos, familiares, participantes de *workshops*, alunos e clientes nos disseram que, uma vez que compreenderam que o comportamento não era provocado pelos sentimentos, circunstâncias ou eventos, isso mudou para sempre o modo como eles percebiam suas interações com os outros. Nós sabemos que mudar o seu comportamento para ser mais encorajador é uma tarefa intensa e não acontece sem prática. As atividades de conscientização e os planos de ação ao longo deste livro ajudarão você e as pessoas que você está tentando ajudar a chegar lá.

SEMANA

5

TARTARUGAS, ÁGUIAS, CAMALEÕES E LEÕES – OH, CÉUS!

Você é um leão, uma águia, um camaleão ou uma tartaruga? Quer descobrir? Esse será um dos conceitos mais interessantes que você aprenderá e usará como consultor em encorajamento. Não é estranho pensar que todos são exatamente iguais, e que, se os outros estão se comportando de um jeito que você não gosta, isso significa que estão sendo apenas difíceis. Uma vez que você compreende mais sobre o que chamamos de *"top card"*, você perceberá que há quatro tipos distintos de personalidade. Cada tipo requer um cuidado diferente e combustível para aprimorar relacionamentos. Essa informação pode ajudar você a ser mais acolhedor diante da realidade dos outros e de suas próprias características.

Nesta semana você descobrirá como pode, algumas vezes, interromper o processo de mudança ao se proteger quando se sente estressado ou amedrontado. Aprenderá como identificar seu *top card*, compreenderá o que acontece quando você o utiliza e reconhecerá que pode romper sua resistência à mudança, enfrentando seu medo. Nós mostraremos como o seu *top card* pode afetar seus relacionamentos primários, assim como revelar maneiras de fazer mudanças que convidam mais cooperação e menos combatividade. Quando você pode se compreender melhor dessa maneira, percebe o quanto pode utilizar o *top card* para encorajar os outros também.

É hora de saltar, voar, rastejar ou encolher-se. Para identificar seu animal, você precisa entender um pouco sobre *estresse*. É um termo comum, que todo mundo usa, mas geralmente não da maneira como o compreendemos. O diagrama a seguir mostra a você como entendemos o estresse: é a distância entre como você acha que a vida deveria ser e como as coisas realmente são. Quanto maior a distância, maior é o seu estresse.

Como você acha que a vida deveria ser

ESTRESSE

A vida como ela é

Cada um dos animais que mencionamos lidaria com o estresse de um modo diferente. O leão poderia rugir ou atacar, a águia poderia voar para o seu ninho ou sair para passear pelas correntes térmicas, o camaleão mudaria de cor para misturar-se e a tartaruga escaparia nadando ou se esconderia em seu casco. Esses animais, quando não estão estressados, podem exibir uma ampla variedade de comportamentos, mas o que eles fazem quando estressados é o que nós chamamos de "usar seu *top card*". É como escolher a carta que mostraria para influenciar as apostas em um jogo de pôquer consigo mesmo. É um comportamento de proteção, reação automática que acontece sem pensar ou planejar. Para administrar situações estressantes quando a vida não corresponde às expectativas, um leão normalmente busca estar certo, a águia busca evitar a realidade e procrastinar, o camaleão busca agradar os outros, e a tartaruga procura evitar o conflito. Quando estressadas, as tartarugas também são conhecidas por morder a cabeça dos outros – ou fazer estalos suficientes para que o outro fuja a fim de se proteger.

Atividade de conscientização: qual animal é você?

Aqui está a maneira mais rápida de descobrir seu *top card*. (Lott aprendeu esse método com Bill e Mim Pew em meados de 1970, e vem compartilhando sua própria versão com os outros desde então.) Desenhe quatro caixas em um *flip chart*, com alguns laços no alto de cada caixa. Identifique cada uma com seu conteúdo: uma contém estresse e dor, uma contém rejeição e aborrecimento, uma contém insignificância e irrelevância e a última contém crítica e ridicularização. Imagine que esses quatro pacotes chegaram em sua porta. Sua tarefa é ficar com três deles em sua casa e lidar com o que está dentro. Você pode escolher qual deles deixar fechado do lado de fora, portanto jamais terá que lidar com o seu conteúdo.

Qual dessas quatro caixas você deixaria de fora para que pudesse evitar lidar com isso? Não pense demais. Apenas escolha uma que se aproxime do que sente. Você sempre pode mudar de ideia mais tarde se achar que fez uma escolha errada.

Se você escolher:	Então seu estilo de personalidade é:	E quando está sob estresse, talvez você:	Você tem muitos pontos fortes e talentos:	Alguns problemas que você atrai para si ou luta contra:	O que você precisa dos outros quando está estressado:	O que você precisa melhorar:	O que você almeja:
Rejeição e aborrecimento	Agradar (você é como o camaleão)	Age amigavelmente. Diz "sim" e quer dizer "não". Cede. Preocupa-se mais com o que os outros querem do que com suas próprias necessidades. Fofoca em vez de conversar diretamente com a pessoa. Tenta consertar tudo e fazer todos felizes. Implora por compreensão. Reclama. Acomoda-se. Trabalha arduamente. É apocalíptico. Fica em silêncio, como um cervo diante dos faróis. É muito sensato e evita seus sentimentos. Lamenta-se ou sente pena de si mesmo. Faz listas.	Sensível aos outros. Tem muitos amigos. Atencioso. Compromissado. Inofensivo. Propenso a voluntariar-se. As pessoas contam com você. Normalmente vê o lado positivo nas pessoas e nas coisas. Pode ser uma pessoa amável e amorosa quando não está em busca de aprovação.	Atrai ciclos de vingança e provoca nos outros o sentimento de rejeição. Sente-se ressentido e ignorado. Entra em apuros por tentar parecer bem, enquanto está fazendo mal. Não consegue as coisas do jeito que quer. Diminuição do crescimento pessoal. Perda do sentido de si e do que lhe agrada.	Digam o quanto você é amado. Toquem muito em você. Demonstrem aprovação e apreciação. Comuniquem que você não estará em apuros apenas por dizer como se sente de verdade.	Ser mais aberto e honesto sobre o que está pensando e sentindo. Dizer "não" e sustentar a decisão. Deixar que os outros tenham seus próprios sentimentos e que o comportamento deles reflita o que eles sentem, e não você. Passar algum tempo sozinho e desistir de tentar agradar a todos. Não ter medo de pedir ajuda ou de que lhe deem uma perspectiva diferente.	Fazer o que quer enquanto os outros aplaudem. Que os outros gostem de você, aceitem você e sejam flexíveis. Que os outros cuidem de você e façam os problemas desaparecerem.

| Crítica e ridicularização | Controle (você é como a águia) | Recua. Manda nos outros. Organiza. Argumenta. Fica quieto e espera que os outros o convençam. Você mesmo faz. Sufoca seus sentimentos. Cobre todas as bases antes de movimentar-se. Reclama, suspira, fica com raiva. Procrastina. Explica/defende. Ocupa-se com atividade física. Ergue uma parede. | Bom líder e administrador de crises. Assertivo. Persistente. Bem organizado. Produtivo. Cumpridor da lei. Alcança o que quer. Capaz de realizar e descobrir coisas. Toma a frente das situações. Espera pacientemente. Pode ser uma pessoa generosa e que busca igualdade quando não está buscando controlar. | Falta de espontaneidade. Distância social e emocional. Quer evitar que os outros descubram seus pontos fracos. Provoca disputas por poder. Acaba doente. Evita lidar com questões quando se sente criticado. Fica na defensiva em vez de se abrir. Às vezes aguarda consentimento. É crítico e busca por falhas. | Digam que está tudo bem. Deem-lhe escolhas. Permitam que lidere. Perguntem como se sente. Deem tempo e espaço para avaliar seus sentimentos. | Lembrar-se de que você não é responsável pelos outros. Parar de tentar prevenir problemas que você não tem, e tomar uma pequena providência. Parar e ouvir os outros em vez de retrair-se. Pensar no que você quer, e pedir. Ouvir em vez de ficar na defensiva. Pedir ajuda e escolhas. Delegar. | Estar no controle mesmo que os outros possam ser melhores ou mais espertos. Conquistar respeito, cooperação e lealdade. Que os outros acreditem em você e lhe deem permissão para fazer o que você quer. Ter escolhas e seguir seu próprio ritmo. |

Autoconsciência, aceitação e o princípio do encorajamento

Insignificância e irrelevância						
Superioridade (você é como o leão)	Rebaixa pessoas ou coisas. Pune-se. Conversa sobre os absurdos da vida. Corrige os outros. Exagera. Compromete-se demais. Preocupa-se sempre em fazer melhor. Age sobre hipóteses. Desvia e muda o campo de jogo. Chora, grita ou reclama com os outros. Aprofunda-se e fica intransigente. É indeciso. Torna-se o especialista. Procura defensores. Compra uma briga, sendo ou não necessário.	Bem informado. Preciso. Idealista. Realiza muitas coisas. Faz as pessoas rirem. Recebe muitos elogios, prêmios e recompensas. Não precisa esperar alguém lhe dizer o que fazer para que as coisas sejam feitas. Tem bastante autoconfiança. Pode ser uma pessoa com profundidade e de valor quando não está em busca de status.	Oprimido, sobrecarregado. Provoca nos outros o sentimento de incapacidade e insignificância. É visto como um sabe-tudo, ou rude e insultante, e não sabe que isso é um problema. Nunca fica feliz porque pensa que poderia ter feito mais ou melhor. Tem que suportar muitas pessoas imperfeitas ao seu redor. Às vezes não faz nada. Gasta muito tempo duvidando do seu valor.	Digam o quão importante você é. Agradeçam pela sua colaboração. Ajudem você a começar com um pequeno passo. Digam-lhe que você tem razão.	Pare de procurar por culpa e comece a trabalhar em soluções. Dê crédito quando for merecido, inclusive a si mesmo. Concentre-se no que você tem, e não no que lhe falta. Demonstre interesse pelos outros e seja curioso sobre eles. Saia para uma caminhada, exercite-se, coma alguma coisa saudável.	Fazer o melhor. Obter apreço e reconhecimento dos outros. Alcançar conexão espiritual. Que digam que você tem razão.

Tartarugas, águias, camaleões e leões – Oh, céus!

Estresse e dor	Faz piadas. Intelectualiza. Faz apenas as coisas que você já faz bem. Evita novas experiências. Escolhe o caminho mais fácil. Deixa as sentenças incompletas. Evita riscos. Esconde-se de modo que ninguém descubra que você não é perfeito. Reage exageradamente. Reclama. Chora. Grita. Toma conta de cada detalhe e mima os outros. Não pede ajuda. Fecha-se na sua concha. Ataca como uma tartaruga mordedora. Tranca seu coração.	Sofre de tédio. Preguiçoso. Falta de produtividade. Difícil de motivar. Não faz a sua parte. Requer atenção especial. Preocupa-se muito, mas ninguém sabe o quanto você está assustado. Perde a oportunidade de compartilhar. Prefere manipular situações desconfortáveis em vez de enfrentá-las. Espera para ser cuidado em vez de se tornar independente. Provoca estresse nos outros.	Não interrompam. Peçam seus comentários. Ouçam tranquilamente. Deem espaço para você. Demonstrem confiança em você. Encorajem pequenos passos.
Conforto/evitar (você é como a tartaruga)	As pessoas gostam de estar à sua volta. Flexível. Faz as coisas bem-feitas. Descontraído. Cuida de si e de suas necessidades. Pode contar com os outros para ajudá-lo. Faz os outros sentirem-se à vontade. Pode ser uma pessoa corajosa e graciosa quando não está buscando conforto.	Criar uma rotina para si mesmo. Comparecer e ficar por perto, mesmo que, a princípio, seja apenas para observar. Manifestar-se e fazer perguntas, ou dizer o que você quer, em vez de pressupor. Falar aos outros sobre os seus sentimentos. Pedir a alguém para fazer as coisas com você no seu ritmo até que você se sinta confortável. Compartilhar seus talentos com os outros.	Que as coisas sejam tão fáceis como parecem. Ficar só, ter seu próprio espaço e ritmo. Você não quer discutir.

Se você escolheu estresse e dor, você é a tartaruga e seu *top card* é chamado "conforto/evitar". Você escolheu rejeição e aborrecimento? Se sim, seu *top card* é "agradar", e você é o camaleão. Para aquele que escolheu insignificância e irrelevância, você é o leão, e seu *top card* é chamado de "superioridade". Finalmente, aqueles que escolheram crítica e ridicularização são águias, e seu *top card* é "controle".

Antes que você mude de ideia, dê uma olhada no **quadro de *top cards*** das páginas anteriores. Se você ler sobre a carta que escolheu e achar que a informação no quadro não parece servir para você, então continue lendo até encontrar a carta que mais se aproxima de como você se vê. A maioria das pessoas que lê o quadro se encontra em uma das opções sem muita dificuldade. Se ainda estiver confuso, simplesmente escolha qualquer carta para utilizar como hipótese. Você sempre poderá escolher outra mais tarde.

Muitas vezes as pessoas perguntam se o seu *top card* pode mudar. Se você escolheu a carta errada no princípio, sim, ela mudaria. Mas, uma vez que você delimitou sua escolha a uma carta em particular, é pouco provável que ela mude. Por outro lado, você pode ter uma segunda carta que usa quando não está estressado. Essa carta é o seu estilo diário. Algumas vezes essa carta reflete a escolha que você faria sobre o segundo pacote que deixaria do lado de fora da casa.

Atividade de conscientização: como usar o quadro de *top cards*

Se você ainda não o fez, agora seria uma boa hora para olhar o quadro de *top cards* das páginas anteriores e ler sobre si mesmo. Faça um círculo nas características que se encaixam em você em cada coluna. Pense em seu animal e nas características que você tem em comum com ele. Lembre-se de que seu *top card* não é bom ou ruim, mas que o conhecimento sobre ele pode ajudá-lo.

Atividade de conscientização: reduzir o estresse
(Agradecimentos a Jane Nelsen)

Aqui está uma atividade simples para ajudá-lo a reduzir o estresse. Pegue um pedaço de papel. No alto da página, escreva algumas palavras sobre como você imagina que *a vida deveria ser*. Vá para o final da página e escreva *como a vida é.* Perceba a diferença entre as duas descrições. O quanto elas estão distantes? A "distância" entre elas é o seu nível de estresse. Se elas forem muito diferentes – como para a maioria das pessoas – tente isto:

1. Dobre a parte inferior da página para cima de modo que *como a vida é* fique logo abaixo de *como a vida deveria ser.*
2. Agora que você vê as duas "imagens" próximas uma da outra, como você está se sentindo e o que está pensando? Nesse momento, a maioria das pessoas começa a rir e se sente muito mais calma. Muitas dizem coisas como "Eu vou parar de ficar obcecada sobre isso e aceitar que as coisas são o que são."

Quando você usa seu *top card*

Enquanto você se sente aceito e importante, age de maneiras que atendem às necessidades da situação, contribuem para o seu bem-estar e para o bem-estar dos outros: age com as vantagens do seu *top card*. Quando acha que sua aceitação e significância estão ameaçadas, você sente estresse e medo, e reage instintivamente para se proteger. Age nas desvantagens do seu *top card*, na tentativa de defender-se e manter sua aceitação e significância intactas. Infelizmente, no momento em que age assim, você se coloca na posição de receber exatamente o que está tentando evitar (estresse e dor, insignificância e irrelevância, rejeição e aborrecimento, ou crítica e ridicularização). Se seu *top card* é Conforto/evitar, você busca uma zona de conforto ao evitar ter que lidar com as situações. Se seu *top card* é Controle, você tenta controlar seus sentimentos, situações ou outras pessoas. Se você tem o *top card* Agradar, você tenta adivinhar o que agradará aos outros para oferecer o que eles querem. Por fim, se seu *top card* é Superioridade, você tenta alcançar algo verdadeiramente superior ou fazer as coisas perfeitas para encontrar sentido e importância, ou tentar fazer os outros verem ou fazerem o que você acha que é importante.

Seu *top card* diz do que você tem mais medo, e o que você faz quando acredita que esses medos se tornaram realidade ou estão prestes a se realizar. Isso é como um catálogo de recursos – são algumas das coisas mais adoráveis e positivas sobre você –, bem como um catalisador de suas dificuldades – algumas das maneiras como você "atira no próprio pé". Compreender o *top card* vai ajudá-lo a saber como encorajar os outros a falar de forma consciente sobre suas diferenças e pedir encorajamento de maneira a falar de suas próprias. Você pode parar de se comparar e se desesperar, porque percebe que todo mundo tem pontos fortes e pontos fracos, forças e fraquezas, e áreas que precisam ser trabalhadas.

Como você aprendeu a agir com o seu *top card*

Passe um tempo observando bebês e crianças pequenas. Você vai perceber como eles observam o que se passa ao redor deles, testam as coisas e, então, analisam as respostas alcançadas. Já que possuem muito pouca experiência de vida ou habilidades de linguagem, suas conclusões ou "decisões" sobre si mesmos, os outros e o mundo são baseadas em seus sentimentos, como também em gestos e sons dos outros. Quando se sentem desconfortáveis ou ameaçados, eles desenvolvem comportamentos de sobrevivência.

Por exemplo, uma criança pode se esconder atrás da perna de um dos pais para evitar tentar alguma coisa nova (Conforto/evitar). Outra pode se sentir humilhada quando leva uma bronca por algum comportamento, fugindo para seu quarto para evitar críticas futuras (Controle). Uma terceira criança pode tentar ser charmosa e fofa para fazer os outros sorrirem em vez de fazerem cara feia (Agradar). A quarta pode chorar de frustração quando pinta fora das linhas e se recusa a continuar (Superioridade).

Assim como essas crianças, você também criou uma série de comportamentos de sobrevivência antes dos 5 anos. Você pode ter imitado comportamentos que viu os outros assumirem ou, por tentativa e erro, aperfeiçoado comportamentos que pensava resguardar sua aceitação e importância. Toda vez que se sentiu ameaçado, você praticou esses movimentos de proteção que nós chamamos de "agir com seu *top card*".

Se Conforto é o seu *top card*, talvez você tenha acreditado que, se alguma coisa fosse muito estressante, ou muito dolorosa ou difícil, então não estaria à altura da tarefa e não poderia ser aceito e significante. Se seu *top card* é Controle e você supôs que alguém o criticou, então você se sentiu humilhado na possibilidade de não ser tão bom como pensou que fosse, e, portanto, concluiu que não poderia ser aceito ou significante. Se seu *top card* é Agradar, talvez você tivesse a certeza de perder pertencimento e significância quando os outros não estavam felizes com você ou com seu comportamento, ou quando pensou que os outros o rejeitaram. E se o seu *top card* é Superioridade, provavelmente pensou que, se não fosse importante ou se a vida não fosse significativa, você não teria mais importância ou aceitação. Você se tornou habilidoso em qualquer dos comportamentos que tenha praticado para evitar a perda de pertencimento e significância. Hoje, utiliza os mesmos comportamentos automaticamente em resposta ao estresse, ao medo ou a ameaças percebidas.

Quanto mais habilidades você tem, melhor sua vida flui. Contudo, quando você age dentro do seu *top card*, você se comporta de forma reativa, com comportamentos automáticos de defesa, e limita sua habilidade de aprender novas competências. Você tem menos opções para tirar proveito e a vida se torna mais estressante. Seu *top card* trabalha contra você, ao agir sem consciência ou compreensão. Quando você age de forma reativa, em vez de enfrentar seu medo, acaba vivenciando exatamente o que está tentando evitar.

Plano de ação: encare seu medo

Uma vez que você aprende a reconhecer quais são seus comportamentos de superação, você pode se flagrar em ação e encarar seu medo, em vez de seguir automaticamente. Aqui está como:

- Passo 1: Pergunte-se: "Qual é o meu medo?"
- Passo 2: Pergunte-se agora: "Qual é a pior coisa que pode acontecer se esse medo se tornar realidade?"
- Passo 3: Finalmente, pergunte-se: "Se o pior acontecer, eu poderia lidar com isso?"
- Passo 4: Se a resposta for *sim*, você provavelmente já está se sentindo melhor e enxergando novas opções que não via antes, quando estava imerso no automatismo do comportamento do seu *top card*.

Mas digamos que sua resposta seja *não* – você pensa que não poderia lidar com seu medo se ele se realizasse. Ou talvez você não se sinta melhor, ou não veja opções no momento em que chega ao Passo 4. Se isso acontecer com você, ou se apenas quiser ir um pouco mais fundo para aprender sobre seu medo, eis aqui o que você pode fazer:

1. Volte ao Passo 1. Pergunte-se: "Do que eu tenho medo?"
2. Escreva sua resposta.
3. Pergunte-se agora: "O que me incomoda?"
4. Escreva a resposta e, enquanto a lê, pergunte-se: "... e o que me incomoda *nisso?*"
5. Escreva a resposta e, enquanto lê essa resposta, pergunte-se novamente: "... e o que me incomoda *nisso?*"

À medida que você busca mais profundidade, suas respostas, por fim, continuarão voltando ao mesmo problema, relacionado a um – ou mais de um – dos quatro objetivos: reconhecimento, poder, justiça e competência (ver Cap. 4). Uma vez que compreende seu medo, você será capaz de enfrentá-lo e enxergar suas opções. Como um consultor em encorajamento, você pode fazer essas mesmas perguntas a outras pessoas quando percebê-las usando seus *top cards*.

Plano de ação: respostas proativas aos comportamentos do *top card*

Na próxima vez que você estiver lidando com alguém e sentir raiva, mágoa, chateação ou desamparo, em vez de ficar na defensiva, pergunte para a outra pessoa se ela está se sentindo ameaçada ou com medo de alguma coisa. Ao ser proativo em vez de reativo, você pode ajudar aquela pessoa a se mover do sentimento de ameaça para o sentimento de auxílio. Procure ouvir com cuidado as respostas dela, e não pense que você precisa consertar ou provar alguma coisa. Apenas escute e agradeça à pessoa por compartilhar com você.

Aqui estão algumas ótimas maneiras para você melhorar a comunicação e o relacionamento com as pessoas que estão agindo em seus *top cards*. (Agradecimentos a Deb Cashen, do Parenting Partnerships Inc., por compartilhar essa informação.) Se você não tem certeza sobre como reconhecer qual *top card* você está usando, consulte o quadro anterior.

- **Tartarugas:** converta o negativo em positivo. Sorria em vez de ficar agarrado a comportamentos de conforto. Evite oferecer serviço especial. Seja consistente com seus limites e valores. Passe segurança; demonstre confiança e expresse apreciação pelas contribuições. Invista em tempo de qualidade juntos.

- **Águias:** admita que você não pode forçar ninguém a fazer nada, mas peça ajuda para encontrar uma solução que seja aceitável para ambos. Feche a boca, decida o que vai fazer e aja – firme e gentilmente. Envolva a outra pessoa na criação de rotinas e pratique o acompanhamento. Expresse amor e cuidado.
- **Camaleões:** evite retaliações. Permaneça amigável enquanto espera o outro se acalmar. Valide os sentimentos feridos. Use honestidade emocional para compartilhar os próprios sentimentos. Reflita de volta o que está ouvindo. Coopere na resolução de problemas um a um. Demonstre que se importa e use encorajamento.
- **Leões:** reconheça qualquer tentativa positiva, não importa quão pequena ela seja. Elimine todas as expectativas de perfeição. Foque os pontos fortes. Não desista. Invista tempo regular e especial com a pessoa. Ajude-a a encontrar maneiras de ser útil. Expresse amor e atenção.

Aqueles animais do *top card* podem ajudar você a mudar

Um dos nossos colegas, Steve Cunningham, nos apresentou os animais dos *top cards*, e somos gratas por seu humor e lucidez. Comparar-se a um animal pode ajudar você a compreender, dar risada e mudar seu comportamento. Nós perguntamos às pessoas com cada *top card* o que as ajudou a fazer mudanças. À medida que ler o que elas nos contaram, dê atenção especial a como você pode melhorar ou empoderar a si mesmo. Tenha em mente que nem tudo que se refere às pessoas com o mesmo *top card* que você será verdadeiro no seu caso. No entanto, ao identificar o que realmente se encaixa, você aprenderá a reconhecer como é a sua versão pessoal desse estilo de superação.

Tartarugas: as pessoas com o *top card* Conforto/evitar

"EU POSSO" Se você reage usando o *top card* Conforto/evitar, tem muito em comum com a tartaruga. A tartaruga gosta de se movimentar em seu próprio ritmo. Sente-se sempre em casa dentro de seu casco forte, a salvo dos inimigos. Quando ameaçada, ela se enfia dentro do casco ou morde para se proteger. As tartarugas vêm resistindo há séculos sem mudar, passando os dias deitadas ao sol ou nadando preguiçosamente. "Devagar e sempre se vence uma corrida" descreve a habilidade da tartaruga de cuidar do que é necessário de uma maneira que não seja estressante. A tartaruga é capaz de terminar a corrida sem se deixar distrair. Isso soa familiar?

Quando se sente ameaçada, Joanie reage no *top card* Conforto/evitar. Ela apoia a opinião dos outros mesmo que não concorde, em vez de dar a sua opinião. Ela adora quando outra pessoa conduz a conversa, mesmo que ela, normalmente, esteja conversando a mil por hora em sua cabeça. Não há nada de errado com o que Joanie pensa, mas ela se retrai, se esconde e se monitora para evitar atrair a opinião de quem quer que seja, caso ela esteja errada. Encontramos muitas pessoas com o *top card* Conforto/evitar comparando-se com outras que estão muito à frente e tomando a decisão que elas não conseguem de forma alguma fazer tão bem ou tão perfeitamente. Da mesma forma que Joanie, elas se refugiam em sua zona de conforto em vez de tentar algo novo.

Joanie é bastante previsível, autossuficiente, independente, estável, pacífica e gentil. Ela demanda pouca ajuda dos outros. É pacata e presta atenção a si mesma e às suas necessidades. Igual à tartaruga com sua casa nas costas, Joanie tem a capacidade de assegurar-se de ter os confortos de casa onde quer que vá. Ela gosta de ajudar os outros a se sentirem confortáveis desde que eles não a tirem de sua zona de conforto (fazendo coisas que ela não espera que eles façam). Se os outros tentam retirar Joanie do seu casco, ela age como uma tartaruga mordedora e "morde suas cabeças" na tentativa de fazê-los recuar para que ela se sinta segura.

As pessoas pensam, algumas vezes, que Joanie é preguiçosa ou pessimista, principalmente quando não percebem o quanto ela está assustada. Quando olha para um arbusto de rosas, ela geralmente nota os espinhos. Joanie age reativamente no *top card* Conforto, resgatando, lembrando, desviando ou protegendo os outros na tentativa de deixar todos confortáveis. Como resultado, encontra-se com pessoas que esperam que ela atenda às suas necessidades e faça por elas o que facilmente poderiam fazer sozinhas. Essa tendência de bondade com os outros cria exatamente o que ela está tentando evitar: estresse e dor extremos. Joanie acaba reclamando por não conquistar nada e se sente aborrecida consigo mesma e com sua vida.

Passar do reativo ao proativo se você é uma tartaruga

Quando se flagrar agindo com seu *top card* Conforto/evitar, como Joanie, aqui estão algumas mudanças que você pode realizar passo a passo. Para mais ideias, utilize a coluna intitulada "O que você precisa melhorar" no quadro visto anteriormente. Comece a esperar que os outros lidem com seus próprios assuntos, mesmo que isso possa ser desconfortável para você no início. Sua melhor terapia é continuar a lembrar a si mesmo que você e os outros são capazes de aprender coisas novas com uma abordagem gradual. Confie na sua capacidade de começar. Apareça e fique por perto, mesmo que tudo o que você fizer seja apenas observar. Talvez você precise estabelecer uma rotina ou objetivos para si mesmo, ou se lançar para tentar algo novo. Não tenha medo de se comunicar com os outros, informando-os sobre o que você quer. Faça perguntas. Diga como se sente. Mas, acima de tudo, **valorize-se**. Você é extraordinário.

"EU POSSO FAZER O QUE EU QUISER"

Águias: as pessoas com o *top card* Controle

Se o que você mais quer evitar é crítica e ridicularização, então seu *top card* é Controle, e você é como a águia. Com garras afiadas, bicos curvos e enormes asas, as águias parecem poderosas e fortes. No entanto, elas não são tão ferozes como parecem. Águias fazem seus ninhos em lugares inacessíveis e são reservadas, protegidas pela distância. Quando as águias buscam refúgio voando para longe de seus ninhos, os outros não têm a menor chance de fazer contato e têm que esperar que elas desçam. Voando alto, águias podem fazer o reconhecimento do terreno antes de fazer um movimento, e quase nada passa despercebido de seus "olhos de águia". Alguma dessas características é familiar para você?

Quando Howie age reativamente no *top card* Controle, ele tenta estar no topo da situação de modo a não acabar sendo criticado ou ridicularizado. Mesmo sendo extremamente organizado, fazendo listas de tudo o que tem a fazer a cada dia, ele em geral procrastina quando as coisas parecem muito difíceis de controlar. Com frequência, senta-se em frente à televisão em vez de atacar suas muitas pilhas de itens "a fazer". Sente-se muito desconfortável quando as coisas são jogadas sobre ele ou quando alguém espera que ele atue no comando sem dar-lhe tempo para pensar e se preparar. Detesta que lhe digam como fazer as coisas, porque isso insinua que ele é incompetente. Quando questionado sobre alguma coisa que não sabe, sente-se surpreendido e humilhado, então argumenta e finge saber.

Howie está muito envolvido em um conselho de diretores para uma organização local. Ele está preparado para assumir o controle das situações, descobrir as coisas, fazer com que os trabalhos sejam realizados e geralmente consegue o que quer. Mesmo que prefira planejar com antecedência, ele pode ser um verdadeiro trunfo em uma crise. Ele intervém, administra as coisas com assertividade e competência. Se necessário, também pode esperar pacientemente para alcançar o que quer.

Ao mesmo tempo, alguns de seus parceiros do conselho reclamam que Howie é mandão, defensivo, arrogante e inflexível. Em seu esforço para evitar que os outros descubram seus pontos fracos, algumas vezes ele se apresenta como distante e isolado, ou controlador, ou carente de espontaneidade. Ele tem a necessidade de receber permissão antes de assumir o controle de uma situação, e algumas vezes essa permissão nunca chega.

Nós achamos que as pessoas que agem reativamente com comportamentos tipo águia tendem a ter um estilo autoritário, tentando controlar o comportamento dos outros, e vivem de forma a manter as coisas sob controle. Assim como Howie, elas preferem fazer as coisas sozinhas e têm muita dificuldade em delegar porque não confiam nos outros para fazer as coisas da maneira correta. Quando Howie age dessa maneira, ele causa nos outros rebeldia e resistência, o que leva a disputas por poder.

A tendência de Howie de se conter e não compartilhar seus pensamentos e sentimentos mais profundos resulta em falta de intimidade. Ele acha difícil ter relacionamentos satisfatórios por causa do seu medo de dividir informações ou de falar suas verdades. Poucas pessoas já viram uma águia "de perto e com intimidade". Se Howie e outros tipos águias gerenciam conflitos ficando quietos, voando para longe, ou contendo suas emoções, geralmente terminam com o corpo estressado, o que se manifesta na forma de sintomas físicos e doenças.

Passar do reativo ao proativo se você é uma águia

Se Controle é o seu *top card*, assim como Howie, e se você gostaria de melhorar sua vida, é preciso dizer aos outros o que está acontecendo com você, como está se sentindo, o que está pensando e – mais importante – o que você quer. Tão assustador como possa parecer ser exposto ou perder o controle, compartilhar seus verdadeiros sentimentos e dizer o que você quer é a melhor terapia para alguém como você, com o *top card* Controle. Lembre-se de que você não é responsável por todo mundo. Pare de se preocupar com problemas que você não tem. Ouça em vez de ficar defensivo. Delegue. Peça ajuda. Quando as pessoas com o *top card* Controle aprendem a dar pequenos passos, suas vidas mudam para melhor. *Acima de tudo*, fazem as coisas acontecerem um passo de cada vez.

"EU SOU DEMAIS"

Camaleões: as pessoas com o *top card* Agradar

Se o seu *top card* é Agradar, examine o camaleão com cuidado para compreender melhor o seu comportamento estressado. Sensível aos fatores ambientais, como luminosidade, temperatura ou emoções (especialmente medo), a primeira linha de defesa de um camaleão é submeter-se a uma ampla gama de cores para mesclar-se ao cenário. Se a ameaça persistir, o camaleão se prepara e estala suas mandíbulas. Se ainda estiver ameaçado, o camaleão se move para dentro de uma fenda e infla-se para não ser removido. Se forem atacados, alguns camaleões podem deixar suas caudas para trás, aparentando dar ao agressor o que ele estava caçando, enquanto correm para ficar seguros. Mais tarde, suas caudas crescem novamente. Camaleões são observadores cuidadosos – cada olho se movimenta independentemente, possibilitando que eles observem tudo o que acontece ao seu redor. Isso soa como você?

Priscilla, a "rainha dos camaleões", reage no *top card* Agradar continuamente para evitar rejeição e aborrecimento. Ela é vista como alguém amigável, flexível e atenciosa. A última coisa que ela quer é se comportar de maneira a fazer alguém zangar-se ou desgostar dela.

Priscilla gerencia uma empresa individual de *design* gráfico, onde ela se preocupa mais com o que os outros querem do que com suas próprias necessidades. Ela fará de tudo para parecer bem e manter-se longe de problemas. Nem sempre ela cumpre tudo o que promete porque está tão comprometida que não pode nem mesmo cumprir todos os seus prazos. Às vezes, Priscilla leva seus clientes à loucura, esperando a opinião deles, quando o que eles querem é que ela utilize seus talentos e conhecimento para oferecer-lhes ideias e escolhas.

Por outro lado, um dos pontos fortes de Priscilla é a sua extrema sensibilidade para com aqueles ao seu redor. Ela tem muitos clientes e amigos. Ela é complacente e adaptável. Em virtude de poder decifrar os outros tão bem, ela é capaz de surgir com desenhos que seus clientes amam. Eles comentam, com frequência, que Priscilla vê o melhor neles e reflete a personalidade de seus clientes em suas logomarcas e desenhos. Entretanto, essa mesma sensibilidade também pode causar sofrimento a Priscilla. Ela se magoa facilmente porque leva tudo muito para o lado pessoal.

Priscilla muitas vezes também exaspera os outros com sua indecisão e mutabilidade do tipo camaleão. Ela cede na maior parte do tempo, e então se ressente quando os outros não a acolhem em retribuição. Em vez de dizer o que pensa, ela acha mais fácil falar pelas costas da pessoa ou, ocasionalmente, reagir com raiva. Quando as pessoas ao seu redor percebem sua mudança de energia ou humor, têm que adivinhar do que se trata, ou ainda tentar coagir Priscilla a contar para elas. Ela dirá que está tudo bem, mesmo quando não está. Então, inseguras sobre o que realmente está acontecendo com ela, as pessoas não sabem o que fazer para melhorar.

Passar do reativo ao proativo se você é um camaleão

Assim como Priscilla e os outros camaleões, se você quer trabalhar isso em si mesmo e ser menos rejeitado, precisa ter confiança na capacidade dos outros de resolverem seus próprios problemas. Você pode evitar a maioria dos problemas ao praticar a honestidade emocional – dizendo como você se sente e de que você precisa. Honestidade emocional é mais eficiente quando você fala diretamente com a pessoa com quem está tendo dificuldades, em vez de fofocar sobre ela com outra pessoa – e tão logo quanto possível. Diga "não" e seja sincero. Deixe os outros terem seus próprios sentimentos, e deixe que o comportamento deles seja sobre eles, e não sobre você. Passe tempo sozinho e desista de tentar agradar todo mundo.

Camaleões podem ser muito implicantes e gostar das coisas de certo jeito – do jeito deles. Isso soa contrário ao seu desejo de agradar, mas eles são hipersensíveis a mudanças. Quando a necessidade de agradar a si mesmo é mais forte do que a necessidade de agradar os outros, a pessoa de mentalidade camaleão acaba sendo exigente para aliviar a tensão deles. Elas precisam aprender como dizer aos outros o que as aborrece, em vez de agir de forma indireta. **Acima de tudo**, praticar a honestidade é a chave para camaleões novos e aprimorados.

"EU SOU ESPECIAL"

Leões: as pessoas com o *top card* Superioridade

Se o seu *top card* é Superioridade, imaginar o seu temperamento como o de um leão dará a você uma imagem de como reage sob estresse. As qualidades que os leões possuem são contraditórias. Quando zangados ou com fome, eles atacarão com grande rapidez e ferocidade. Mas, em outros momentos, eles vão se deitar e dormir o dia todo. Em geral eles rugem bem alto, mas também podem ronronar tão facilmente como um gato gigante. Leões trabalham juntos para caçar a presa, mas também caçam sozinhos, atacando seus alvos. Os humanos tendem a ver o leão tanto como o rei da selva – orgulhoso, astuto e forte – como um animal enjaulado no zoológico. Quais dessas qualidades descreve você?

Pablo deu a si mesmo o *top card* Superioridade, e não perde seu tempo fazendo nada que não seja importante. Ele evita situações que exponham suas imperfeições. Sua mãe, constantemente, aponta como ele falha em cumprir suas promessas sobre ajudar em casa. Então, Pablo a evita e prefere investir tempo fazendo o que é importante para si mesmo. Ele sabe que pode ser o melhor no levantamento de peso na academia, ou o treinador favorito das crianças no campo de futebol.

Pablo, como tantos outros com o *top card* Superioridade, enxerga as situações em extremos. Como o todo-poderoso leão, as pessoas com o *top card* Superioridade nunca vão recuar diante de um adversário, mesmo que ele ou ela seja um dos pais, esposo ou esposa, alguém importante, um chefe ou um cliente.

Pablo parece muito seguro de si, e, naquelas atividades que importam para ele, é um modelo de competência, sucesso e iniciativa – mesmo que precise investir cada momento da vida aperfeiçoando a si mesmo. Ele tem padrões e expectativas altos tanto para si mesmo como para os outros. Sua intensidade e sua paixão mostram quando está envolvido em alguma coisa que acredita ser importante. Podem contar com ele para trabalhar duro a fim de alcançar uma meta. Por exemplo, ele passará horas lendo revistas e manuais de instrução em fisiculturismo, estratégias de futebol e de *coaching*.

Como um leão, Pablo e outras pessoas com o *top card* Superioridade personificam os extremos. Para toda a sua produtividade e padrões de excelência, ele está constantemente insatisfeito, pensando que poderia ter feito um trabalho melhor. Geralmente ele se sente sobrecarregado e cansado, e assume responsabilidades demais. Algumas vezes, tem dificuldade até para sair da cama, pois não importa o quanto ele faça, isso nunca parece o suficiente.

Nesse momento, os "deveria" começam a dirigir sua vida: Ele deveria ter sido jogador de futebol profissional. Ele deveria ter ido para a faculdade e feito uma especialização em fisiologia do exercício. Ele deveria estar ganhando mais dinheiro. Ele deveria se mudar da casa de sua mãe. Então, ele se repreende por se preocupar com isso porque soa muito materialista. Quando sua mãe pergunta se ele está fazendo progressos em encontrar um emprego e um lugar para morar, ele ruge de raiva feito um leão em vez de resolver seus dilemas.

Os outros reconhecem que Pablo é experiente em futebol e fisiculturismo. Ainda que seja generoso com seu conhecimento, pode ser difícil para ele lidar com as imperfeições à sua volta. Em sua tentativa de ajudar os outros "colocando-os na linha", muitas vezes ele se apresenta como um sabe-tudo crítico, deixando todos se sentindo inadequados.

Passar do reativo ao proativo se você é um leão

Se você tem o *top card* Superioridade e comportamentos de leão, é importante deixar de lado a crença de que você tem a única resposta certa. Há diferentes maneiras de enxergar e fazer as coisas. Por exemplo, realizar reuniões de família ou conferências em grupo em que todos tenham a oportunidade de compartilhar ideias oferece um espaço no qual todas as ideias são valorizadas e compartilhadas. Nós recomendamos que você comece isso imediatamente. Quando estiver em suas reuniões, certifique-se de pedir informações para os outros primeiro em vez de dizer a eles o que você pensa. Pare de procurar culpados e comece a procurar soluções. Dê o crédito quando o crédito for merecido. Examine o que você tem em vez do que você não tem. Crie equilíbrio em sua vida, caminhando, fazendo exercícios e comendo de forma saudável. Muita gente com *top card* Superioridade não reconhece que tem dificuldade com empatia, mas, ***acima de tudo***, tem que desenvolver a empatia demonstrando interesse pelos outros, sendo curioso sobre eles e ouvindo o que os outros pensam.

Atividade de conscientização: vantagens e desvantagens dos *top cards* e passos para a melhoria

Um grupo de professores passou um dia no *workshop* de Disciplina Positiva em sala de aula. Eles se dividiram em grupos de acordo com seu *top card* e trocaram ideias sobre suas vantagens e desvantagens na sala de aula, e os pontos fracos de seu *top card* como professores. (Provavelmente não surpreende que, mesmo não sendo um professor, você possa se identificar com as descobertas deles.) Você pode querer fazer essa atividade de conscientização também. Depois de escreverem as duas listas, eles pediram às pessoas que enxergam o mundo com lentes diferentes – *top cards* diferentes – que lhes dessem um *feedback* sobre o que eles deveriam desenvolver em sua sala de aula. Aqui estão suas listas:

- *Vantagens do Controle*: prontos para assumir o comando, estabelecendo rotinas e sendo organizados; multitarefas com a habilidade de realizar muito e trabalhar com grupos individuais; administradores de crises que podem manter a ordem, a segurança e primeiros-socorros; têm a capacidade de improvisar e pensar rápido e de consertar as coisas enquanto elas acontecem; responsáveis; confiáveis; pacientes com os outros; capazes de ter tempo para si mesmos. Seu para-choque de caminhão poderia ser: Mas chega de falar de mim; o que você pensa sobre mim?
- *Desvantagens do Controle em sala de aula*: causam disputa por poder, procrastinam ao adiar a correção do dever de casa ou planejamento; fazem tempestade em copo d'água; ficam sobrecarregados; julgam e criticam; não são pacientes consigo mesmos; esperam muito de si; recuam; são catastróficos; lidam com os problemas dos outros em vez de lidarem com seus próprios; mandões; se frustram quando as crianças não estão trabalhando em classe ou são barulhentas.
- *Sugestões das personalidades de outros* top cards: apenas nos diga o que querem para que possamos descobrir como lidar com vocês e resolver o problema. Diga-nos quando estiverem ficando sobrecarregados em vez de dramatizar. A resposta foi: "Se nós apenas pudéssemos."

- *Vantagens do Agradar*: tornam as coisas divertidas e criam maneiras de envolver as pessoas enquanto fazem o aprendizado ser indolor; são empáticos e dispõem de tempo para ouvir e compreender as necessidades dos outros e oferecer a eles o que precisam; oferecem positividade com muito encorajamento; dão esperanças; não guardam rancor; enfatizam que todo dia é um novo dia; bons ouvintes; mentes abertas, respeitam e conseguem extrair a opinião dos outros; estão dispostos a estar errados e se desculpar.
- *Desvantagens do Agradar em sala de aula*: nem sempre são abertos e honestos; não dão opiniões e ideias porque querem ser amados; fogem do conflito e fingem que tudo está bem quando não está; concentram-se em agradar a pessoa mais negativa, o que resulta em tirar tempo e energia de alunos bem-comportados.
- *Sugestões das personalidades de outros* top cards: diga o que está pensando e lembre-se de que as pessoas gostam de você independentemente de suas opiniões. Seja corajoso, respire bem fundo e diga "NÃO".
- *Vantagens da Superioridade*: sabem tudo; têm limites claros; conseguem fazer tudo; estão sempre revisando para fazer melhor; são reflexivos, tolerantes, criativos e bem-humorados; têm altas expectativas.
- *Desvantagens da Superioridade em sala de aula*: às vezes não escutam ou reconhecem a competência dos outros; perfeccionistas; têm expectativas altas; não pedem ajuda; comportam-se com insultos ou de forma rude; desabam porque não cuidam do que deveriam; evitam tarefas desconfortáveis; fazem além do necessário; colocam muita pressão sobre si mesmos e em seus alunos; intolerantes com os alunos que não se cobram ou com os que percebem serem ignorantes ou preguiçosos.
- *Sugestões das personalidades de outros* top cards: faça um acordo em que as pessoas possam dizer a você quando estiver agindo de forma reativa para que isso o ajude a estar consciente de seu comportamento; use a expressão "Eu percebo" em vez de ser crítico ou preconceituoso. Torne o ambiente seguro para as crianças cometerem erros e tentarem de novo.
- *Vantagens do Conforto*: flexíveis; têm bons limites; proativos; estabelecem conexão e são empáticos – compreendem os outros.
- *Desvantagens do Conforto em sala de aula*: evitam algumas situações; tiram conclusões precipitadas; estão sempre pensando em possíveis desfechos futuros; saem pela tangente; às vezes são inconsistentes.

- *Sugestões das personalidades de outros* top cards: tente reduzir a resistência ao confronto e cultivar a consistência, e compartilhe como realmente se sente.

Plano de ação: seja assertivo

Aqui está um jeito simples de praticar a assertividade. Se alguma coisa está na sua cabeça, diga em voz alta para a pessoa que precisa ouvir. Ser assertivo não é uma estratégia para mudar os outros (mesmo que a mudança seja um resultado dessa prática). Ser assertivo é diferente de ser agressivo, em que o propósito do seu comportamento pode ser ganhar ou provar que está certo. Pessoas com diferentes *top cards* veem o mundo de perspectivas diferentes, portanto, ser assertivo é um jeito perfeito de compartilhar sua perspectiva em vez de se relacionar com os outros por meio de suposições. As pessoas não são videntes.

A base para fazer mudanças, "tempo para treinamento", é o tempo que se leva para aprender uma nova habilidade ou padrão. É o tempo que você gasta colocando seu plano em ação, praticando os passos para ver como se sente, sentir-se esquisito, sentir-se aliviado e, então, permitindo-se ser menos que perfeito. Ninguém toma a decisão de fazer algo de forma diferente e então tem tudo imediatamente em seu lugar. Sem tempo para treinamento, as mudanças que você começa a planejar, em breve, se desintegrarão.

Atividade de conscientização: frases de para-choque e perfis pessoais dos *top cards*

Top cards oferecem oportunidades para atividades divertidas e descontraídas. Você não tem que sofrer para aprender. Os participantes em nossos *workshops* têm nos mostrado diversas vezes como o uso de humor e exagero ajuda a expor as fraquezas de seus *top cards*. Ainda que algumas informações possam parecer negativas, a maioria dos participantes nos dirá que gosta do modo como age de acordo com seus *top cards*. Essas atividades ajudarão você a ganhar clareza sobre si mesmo e sobre os outros. Recomendamos fazer todas elas, pois são fáceis e prazerosas.

Autoconsciência, aceitação e o princípio do encorajamento

Frases de para-choque dos *top cards*

Conforto/evitar	Controle	Agradar	Superioridade
Esqueça o ganho, não quero a dor!	Nós temos a resposta.	Nós procuramos agradar.	Eu faço mais em uma hora do que você faz em um dia.
Faça menos... menos estresse.	Precisar da sua ajuda? Não!	Diga-me o que você quer.	Ninguém faz melhor.
Saia da minha cola!	Eu tenho tudo sob controle.	Seu prazer é o meu prazer.	Eu prefiro ter razão do que ser feliz.
Se não estiver quebrado...	Siga-me, estou no comando.	Nós não defendemos nada.	Nós somos o n. 1.
Nós evitamos tudo.	Eu assumo nas crises.	Eu sei o que fará você feliz.	Está sendo um longo dia, então vá direto ao ponto.
Não se preocupe, seja feliz.	Meu jeito ou de jeito nenhum.	Eu tenho o que você quer.	Nós trazemos apenas coisas boas na vida.
Tartaruga atravessando.	Sentimentos? Quais sentimentos?	Tenha um bom dia!	Questione a autoridade.
O que, me preocupar?	Mantenha distância.	Sorria!	Eu errei uma vez, mas estava equivocado.
Deixe estar.	Nascido para estar no controle.	Sem ofensa.	Que pena você não estar no nosso grupo.
Vá na onda.	Não se preocupe. Eu vou fazer.	Quando você precisar de um sim, venha a nós.	Nós sabemos tudo!
Devagar e sempre se vence uma corrida.	Cubra todas as bases.	Paz!	Se você quiser que seja feito certo, faça você mesmo.

Adicione a sua.

1. Veja as frases de para-choque dos *top cards*. É uma lista de várias frases de para-choque e lemas que os participantes dos *workshops* inventaram. Circule aquelas que se ajustam a você. Veja se pode adicionar mais algum na lista.
2. Veja os perfis pessoais dos *top cards* a seguir. Se você estivesse escrevendo seu perfil pessoal para um serviço de encontros amorosos *on-line*, como ele seria? Faça de conta que você está escrevendo seu perfil para refletir seu *top card*. Sinta-se livre para aproveitar idcias dos exemplos oferecidos.

Perfis pessoais dos *top cards*

Conforto/evitar

Boa aparência, solteiro, tartaruga de casco mole procura companhia de adulto que nunca se casou, 18 anos ou mais, sensível, atraente, inteligente, mesma estrutura de casco. Eu tenho excelentes habilidades de comunicação e escuta, nenhum vício, boa saúde. Também tenho uma casa isolada com banheira quente, pistas de caminhada e áreas de meditação. Considerarei dividir um casco quando mutuamente acordado; disposto a comprometer-se com um acordo pré-habitacional.

Controle

Procuro alguém que seja flexível, agradável, tolerante, humilde, sem julgamento, um seguidor, um bom ouvinte, divertido, desafiador mas fácil de persuadir, espontâneo, criativo, excitante, e que saiba cozinhar, limpar, lavar janelas e seguir bem as instruções.

Agradar

Procuro colega(s) de quarto. Qualquer corpo vivo e quente. Sou flexível, disposto a acomodar. Qualquer circunstância. Prefiro não fumantes (eu tenho um ventilador), que bebam ou não. Tudo bem ter crianças, animais. Disposto a me adaptar a qualquer estilo de vida. Nenhum aluguel é necessário; estar empregado não é um requisito – disposto a subsidiar sua renda. Aprecio diferenças culturais. Ambos os sexos. Disposto a realojar se você não estiver satisfeito. Entre em contato comigo a qualquer momento, 24 horas por dia, todos os dias. 0-800-AMO-TODO-MUNDO! Referências não são necessárias.

Superioridade

Não leia mais nada a não ser que se enquadre nos seguintes requisitos: autêntico, eclético, sem julgamento (apenas os úteis), inteligente, imbatível e bem-sucedido (em outras palavras, um GÊNIO). Eu tenho todas essas características, assim como sou o melhor amante que você jamais imaginou. Se você estiver falando sério sobre se envolver em um relacionamento significativo e comprometido, disque 0-800-O-MELHOR. Não desperdice meu tempo.

SEMANA

6

ENCONTRE O "TESOURO" ESCONDIDO NAS SUAS MEMÓRIAS DE INFÂNCIA

Esta semana vamos mostrar para você como dar um passo para trás para poder avançar. Será uma viagem que valerá a pena e você vai aprender muito. Você terá uma visão em primeira mão de como a criança que vive dentro de você criou seu sistema pessoal de operação – tão mais complexo que o da Microsoft ou da Apple. Aquela criança era uma ótima observadora, mas não uma boa intérprete. A criança deu sentido do que estava acontecendo à sua volta, então arquivou as conclusões para uso futuro. Ao contrário da Microsoft e da Apple, a criança raramente, se é que o faz, atualiza o sistema operacional. O resultado é que, mesmo que você tenha crescido, nunca se tornará um adulto em algumas áreas da sua vida. Você ainda pensa e age como aquela pequena criança que vive dentro de você.

Para descobrir como aquela criança pensa, você precisará descobrir e decodificar seu sistema operacional pessoal, inserido nas suas memórias de infância. Normalmente, quando falamos sobre memórias, nós as imaginamos como histórias reais. Mas, neste trabalho, memórias de infância são metáforas – representações simbólicas e representativas de alguma outra coisa. As memórias contêm os pensamentos, sentimentos e ações que compuseram seus valores e sistema de crença básicos. Você aprenderá como

Autoconsciência, aceitação e o princípio do encorajamento

interpretar o que está codificado em cada memória sobre como você se vê, vê os outros e a vida, e o que você decidiu que precisaria fazer para sobreviver.

Muitas pessoas que estão lendo isso podem estar resmungando e imaginando coisas do tipo: "Mas eu não lembro de nada da minha infância"; "Eu não tenho nenhuma lembrança boa"; "Tenho que pensar em uma lembrança negativa?"; "Eu não quero lembrar meu passado"; "Eu deixei o passado para trás e é lá que ele deve ficar"; "O que as minhas memórias de infância têm a ver com receber ajuda com minha procrastinação?". Se alguma dessas frases se parece com o que você diz para si mesmo, não pule esta semana. Você deixará de descobrir o tesouro de toda a sua vida escondido.

Quando aprender como acessar a informação dentro de você, terá tudo o que precisa para fazer sua própria terapia. Trabalhar com memórias antigas dará a você a chave para abrir aquele baú do tesouro interior, descobrir o conhecimento valioso escondido da sua consciência, descobrir como aceitar aquela criança pequena, encorajar sua criança interior e seguir com novas escolhas.

Algumas pessoas acham que esse trabalho pertence apenas ao confinamento dos consultórios dos especialistas. Nós acreditamos que você mesmo pode acessar e fazer uso dessa informação, tanto para facilitar sua própria cura como para ajudar os outros a fazerem o mesmo (se esse for o seu objetivo). Quanto mais trabalhar nas suas memórias de infância, mais aprenderá sobre a lógica pessoal que você elaborou quando era criança, e melhor você ficará em conhecer a si mesmo.

Sua recordação é seletiva; você retém apenas as lembranças que se encaixam na sua lógica pessoal. Ao usar memórias específicas, você pode aprender mais sobre onde seus padrões de pensamento, sentimento e comportamento tiveram origem, e pode identificar em que precisa trabalhar. Você vai conhecer a criança interior que está esperando pelo seu eu adulto para honrá-la, confortá-la, reeducá-la e ajudá-la a crescer. Trabalhar com a memória ajuda você a descobrir sua história oculta e compor sua história pessoal. Provavelmente você descobrirá algumas maneiras de pensar que impediram você de seguir em frente. Ao examinar suas memórias de infância, você pode encontrar o momento em que sua autoestima foi danificada e quando você decidiu que a pessoa que você era não era boa o suficiente. Suas memórias de infância vão, inclusive, mostrar a você o que decidiu que precisava fazer para ter valor.

Não se surpreenda se descobrir alguns segredos que vinham deixando você doente ou lhe segurando de outras maneiras significativas. Tenha certeza de que qualquer dor que venha à tona não será grande demais para suportar, nem durará para sempre, *se você se permitir ouvir o que a sua memória está dizendo a você*. Trabalhar a memória pode reabrir antigas feridas e ser, algumas vezes, doloroso a princípio. Mesmo assim, como acontece quando se fura uma bolha, trabalhar questões do passado que estão enterradas ajudará a iniciar a cura. Você aprenderá como interpretar suas memórias corporais, aquelas memórias de infância que geraram uma reação física em seu corpo. Algumas dessas memórias foram criadas antes mesmo de você adquirir a linguagem verbal.

Mantenha seu trabalho de memória seguro

Se trabalhar a memória está soando muito assustador, trabalhe com um grupo ou com um consultor em encorajamento que possa ajudá-lo a passar pelas partes difíceis. Você sempre pode imaginar que está colocando seu trabalho de memória em uma caixa que só será aberta quando você estiver pronto. Se trabalhar em suas memórias trouxer à tona muita raiva, encontre um modo apropriado para expressar essa raiva – escrevendo, batendo pregos em um quadro, socando um travesseiro, entrando no carro, fechando os vidros e gritando tão alto quanto desejar (mas não enquanto dirige). Você pode fazer círculos em um pedaço de papel até ficar exausto de tanto fazê-lo. Você pode pedir aos seus amigos para ouvi-lo e dar-lhes um abraço quando terminar de expressar sua raiva. Você pode dizer para a sua pequena criança interior que está tudo perfeitamente bem em sentir raiva. Raiva é apenas um sentimento. Apenas não a utilize como um modo de justificar ser rude ou ofensivo com os outros.

Isso não diz respeito ao que aconteceu

Trabalhar as memórias de infância é otimista, interessante e excitante. O foco não está no que aconteceu, mas no que você, como uma criança pequena, *decidiu sobre o que aconteceu*. O que você é hoje está baseado no que você decidiu quando era criança.

Você escondeu aquelas decisões bem no fundo e esqueceu o que elas são, ou mesmo que você as constituiu em primeiro lugar. Hoje, como um adulto com consciência, você pode trazer à luz essas decisões e construir novas decisões que podem mudar sua vida. Ao chamar sua criança interior como uma consultora, você descobrirá que, apesar de não ter tido muito controle sobre o que aconteceu na época, pode agora controlar como as experiências do seu passado afetam você hoje. Esperamos que se sinta satisfeito ao descobrir que sua personalidade não é genética e que você não está permanentemente prejudicado. Você não está preso para o resto da sua vida a sentimentos de depressão, tristeza ou exaustão. Você pode até descobrir que as tendências suicidas, os vícios e outras condições que acreditou serem hereditárias podem estar embasadas em decisões subconscientes na infância – e que elas não são uma sentença perpétua.

As suas memórias de fato aconteceram?

Tem havido muita controvérsia a respeito de memórias falsas e, ao longo da discussão, muitas pessoas passaram a temer trabalhar com memórias de infância. Desconfie de qualquer um que tentar lhe dar memórias, modificá-las ou decidir o que elas significam. Só você pode fazer isso.

É possível que algumas das suas recordações sejam uma coleção de imagens de eventos reais que estão misturadas para formar uma única memória. Por exemplo, você pode recordar um confronto violento que aconteceu em um lugar diferente daquele em que de fato aconteceu. Esse pode ser o caso se houve violência em sua vida e você também visitou outro lugar na mesma ocasião. Ou, se você e os membros de sua família participaram do mesmo evento, suas memórias poderiam parecer diferentes das deles por causa das diversas perspectivas. Sua memória pode lhe dizer que você caminhou quilômetros para chegar até a loja, enquanto seus pais se lembram da mesma loja como estabelecida no final do quarteirão.

Algumas memórias podem parecer confusas para você. Isso não significa que elas não aconteceram. Pode ser que você tenha desconsiderado certos detalhes que não coincidiam com o que já havia decidido sobre a vida, sobre si mesmo e sobre os outros. Ou pode significar que o acontecimento foi tão traumático que você bloqueou partes dele. Pode ter substituído palavras ou imagens familiares por outras ainda desconhecidas por você na época. Por exemplo, pode lembrar-se de um dos pais muito doente ou dormindo porque não conhecia palavras como "bêbado" ou "alcoolizado". Essa imagem pode residir intocável em sua recordação mesmo ao aprender essas palavras mais tarde na vida. Ou se você foi sexualmente molestado antes de ser grande o suficiente para identificar o nome da parte do corpo que seu abusador esfregou em você, talvez se lembre de uma passada de mão na barriga em vez de alguma coisa que você não tinha palavras para descrever.

Todas as suas memórias são parte do tecido que faz de você a pessoa que é hoje. À medida que trabalha para reeducar sua criança interior, usando suas habilidades de adulto, suas memórias mostrarão a você o que o faz único. Você também aprenderá como usar suas memórias de infância como colaboradoras para mudar seus pensamentos, sentimentos ou ações, de modo a curar o passado ou destravar e seguir em frente.

Atividade de conscientização: começar o seu trabalho com memórias de infância

Qual é a questão; qual é a memória?

1. Primeiro, pense em alguma coisa que você está enfrentando, seja um problema na escola, no amor, um dilema na criação dos filhos, questão financeira, preocupação de trabalho ou amizade, ou qualquer outra coisa.

2. Agora faça de conta que sua vida está em um rolo de filme e deixe sua mente voltar a um dia, um momento ou um evento específico da sua infância. Não censure suas lembranças nem procure por uma que se encaixe ao problema. A primeira memória que lhe vier à cabeça, não importa o quão diferente ela pareça, será exatamente a que você precisa. Determinado foco traz à tona uma memória específica. Quando você está procurando por uma memória, tenha certeza de focar uma época específica, em vez de alguma coisa que acontecia com regularidade. Se você está tendo um branco, pense sobre onde você vivia quando era criança e quem morava com você – então perceba o que aparece na sua mente. Se você ainda estiver travado, use uma história que foi contada sobre você ou descreva uma fotografia que lhe venha à cabeça. Você pode até tentar uma memória recente, mesmo que seja sobre um acontecimento da semana passada. Se todo o restante falhar, invente uma. Embora essa sugestão possa parecer bizarra, o que quer que venha à sua imaginação é feito pela sua lógica pessoal e seu sistema de crenças; essa memória conterá imagens que são

relevantes e consistentes com sua experiência, e pode ajudá-lo a examinar o que está em suas crenças subconscientes que, talvez, você queira modificar. Surpreendentemente, descobrimos que isso é muito benéfico para os nossos clientes. Você não pode inventar nada que não se encaixe em sua lógica pessoal, e ela é exatamente o que você está tentando descobrir com o trabalho de memórias de infância.

3. Escreva a memória exatamente como você se recorda e inclua todos os detalhes. Não se preocupe se alguém uma vez disse a você que não foi desse jeito que aconteceu – o que importa é como *você* se lembra disso.

4. Agora escreva os sentimentos que você teve na memória, sua idade na época e o que sua criança interior estava pensando ou decidindo quando a memória aconteceu. Para descobrir suas decisões de infância, pergunte-se: "O que minha criança interior estava pensando?"

Aqui está uma memória compartilhada por Earlene, participante de um grupo de consultores em encorajamento: "Eu encontrei meu filhote de gato no jardim e ele estava morto. Corri para contar a minha mãe, mas ela estava ao telefone. Ela me ignorou e eu fiquei histérica. Eu tinha 7 anos, e minha criança interior de 7 anos estava decidindo 'Os amigos da minha mãe são mais importantes do que eu. Minha mãe não me leva a sério'."

Outro membro do grupo, Neil, contou: "Eu achei uma moeda no parquinho e guardei no meu bolso rapidamente, sem olhar direito. Eu disse para mim mesmo: 'Vou examiná-la mais tarde, sozinho.' Eu perdi a moeda enquanto pegava o ônibus para a escola e não tinha me dado conta até me sentar.

Outra criança encontrou a moeda e deu para o motorista do ônibus, que perguntou: 'Alguém perdeu algum dinheiro?' Eu respondi que havia perdido uma moeda, mas quando ele me perguntou qual era, eu não sabia se era de vinte e cinco ou de cinquenta centavos. Eu tinha certeza de que era minha. O motorista disse: 'Ah, está bem.' Eu nunca recuperei a moeda. Senti-me constrangido e com raiva. Minha criança interior de 8 anos decidiu que eu era imbecil e que deveria saber a diferença entre uma moeda de vinte e cinco e uma de cinquenta centavos."

Neil e Earlene, assim como você, viveram a vida e então tomaram decisões sobre o que estava acontecendo. Essas decisões foram cruciais para ajudá-los a compreender como eles se encaixavam, como viam os outros, como a vida funcionava e o que eles pensaram que precisavam fazer para sobreviver. As memórias deles, assim como as suas, são tanto reservatórios como espelhos para as decisões inconscientes que eles tomaram na primeira infância. E como você, Neil e Earlene fizeram mais do que tomar decisões; à medida que eles olhavam para a vida, colecionavam provas de que as decisões que tomaram eram válidas. Se alguma experiência não se encaixasse em seu sistema de crença, eles não a registravam, a esqueciam ou distorciam para se encaixar em sua visão de mundo.

Decisões na primeira infância em ação hoje – a criança interior pode estar no comando, mas você pode ajudá-la a crescer

Eis aqui como as decisões de infância estavam afetando Earlene na idade adulta. Aos 40 anos, ela estava trabalhando em um projeto com um colega em sua empresa de artes gráficas. O colega pediu um favor a ela. Em vez de dizer a ele que estava ocupada e que precisava de tempo para pensar, ela gritou de maneira agressiva até que ele desistiu de pedir a ajuda dela. Mais tarde, Earlene se desculpou pelo seu comportamento e disse: "Eu não sei o que deu em mim. Acho que não pensei que você estivesse me escutando ou me levando a sério e isso realmente me aborreceu. Pensando bem, eu me sinto assim muitas vezes."

O colega de Earlene estendeu a mão e deu um aperto de brincadeira em seu braço. "Você sabe que eu a levo a sério e que realmente gosto de trabalhar com você, mas provavelmente seria mais fácil ouvi-la se você não me mordesse." Era difícil para Earlene gerenciar a situação de forma diferente porque, quando ela acreditava que os outros não a estavam levando a sério, a criança de 7 anos que morava dentro dela entrava em ação. Recorrendo aos mesmos recursos que tinha aos 7, a Earlene de 40 anos gritava e atacava.

Earlene não estava consciente de que estava agindo como uma menina de 7 anos quando gritava com os outros. Fazer o trabalho das memórias de infância a ajudou a descobrir essa informação. Ela se envergonhou no começo, mas depois percebeu que não podia mudar alguma coisa se nem sabia que era um problema. Uma vez que ela se compreendeu melhor, estava pronta para sentar sua criança interior de 7 anos no colo e encorajá-la, dizendo: "Você realmente ficou magoada, zangada e assustada quando seu gato morreu e precisava de alguém para ajudá-la a lidar com a situação. Lamento que tenha sido tão difícil para você. Quando ficar com medo, eu estarei aqui para ajudá-la. Eu sei que podemos resolver isso juntas." Seu comportamento começou a mudar depois disso.

Se você se percebe travado enquanto olha para as decisões que sua criança interior tomou na memória, pode pedir a um grupo de amigos – ou a apenas um – para ouvir a sua memória e criar hipóteses sobre o que eles imaginam que poderiam ter sido as suas decisões. As ideias deles não estão certas ou erradas, mas refletem um ponto de vista que está embasado em uma realidade separada da sua própria. Peça a seus amigos para elaborarem ideias sobre os pensamentos deles e escreva-as. Então olhe para a lista e sublinhe as crenças que servem para você.

Eis aqui como os amigos de Neil interpretaram a memória dele sobre a moeda: eles colocaram uma folha grande de papel na parede e então desenharam quatro colunas intituladas "Eu", "Outros", "Vida", "Portanto", como demonstrado no quadro a seguir. A coluna "Portanto" mostra as decisões que Neil tomou sobre como ele precisava ser ou se comportar para ser aceito e importante.

Eu	Outros	Vida	Portanto
☑ Eu sou burro. ☑ Eu deveria saber mais. ☑ Eu sou cuidadoso. ☑ Eu deveria passar mais tempo com as coisas. ☑ Eu adio as coisas até que seja tarde demais. ☑ Eu tenho um carma ruim. ☑ Eu estou disposto a esperar, mas acabo perdendo a chance. ☑ Eu quero estar seguro. ☑ Eu fico constrangido. ☑ Eu me sinto vítima.	☑ Os outros tiram sarro de mim. ☑ Os outros não acreditam em mim. ☑ Os outros estão no poder e têm controle sobre mim. ☑ Os outros me fazem passar dificuldade. ☑ Os outros pensam que estão certos e não me dão ouvidos. ☑ Os outros me impedem de ter o que é meu. ☑ Os outros destroem as coisas para mim. ☑ Os outros são pessoas mais honestas e melhores do que eu. ☑ Os outros deveriam saber e fazer a coisa certa.	☑ A vida é cheia de desapontamentos. ☑ A vida não é justa. ☑ Viver é difícil. ☑ A vida é séria. ☑ A vida lhe dá uma coisa, depois a tira de você. ☑ A vida é um lugar onde você não alcança o que é seu de direito. ☑ A vida é um lugar onde as coisas desaparecem quando não presto atenção.	☑ Eu deveria ficar de boca fechada. ☑ Eu deveria ser mais cuidadoso. ☑ Eu não deveria contar com os outros para ser justo. ☑ Eu me angustio. ☑ Eu adio gratificação. ☑ Eu espero. ☑ Eu aproveito as oportunidades. ☑ Eu guardo e alimento minha raiva e não digo como me sinto. ☑ Eu tenho que me proteger para não ser um bobo.

Depois que o grupo elaborou ideias sobre quais eram as crenças que eles achavam que Neil tinha, Neil sublinhou as afirmações que combinavam com a maneira como ele via a si mesmo, os outros e a vida no momento atual. Sem pensar muito, ele escolheu na primeira coluna "Eu deveria saber mais" e "Eu deveria passar mais tempo com coisas". Ele pensou por um momento e, então, circulou: "Os outros me impedem de ter o que é meu", na segunda coluna, e "A vida é um lugar onde você não alcança o que é seu de direito" na terceira coluna. Para a quarta coluna, ele escolheu: "Portanto, eu espero". Ele olhou para seus amigos e disse: "Essa é a história da minha vida agora. Eu tenho tanta coisa para fazer e sinto que não estou chegando a lugar nenhum, não tenho certeza de estar no trabalho certo e não me sinto feliz no meu casamento. Deixei alguma coisa de fora?"

Neil levou a lista para casa e escreveu os itens sublinhados em uma pequena tira de papel que guardou em sua agenda. Toda vez que tinha um minuto extra, ele olhava para sua lista. Neil percebeu que suas decisões de infância eram poderosas. Elas pareciam mais com uma verdade objetiva para ele do que sua própria realidade. Ele ficou lutando com esse conceito de que tinha "elaborado" essas decisões. Ele pensou: "Eu posso ter elaborado essas ideias, mas realmente acredito nelas e é desse jeito que eu sou. Eu não acho que posso mudar meus pensamentos inconscientes, mas talvez possa parar de esperar que meus relacionamentos melhorem e fazer alguma coisa diferente. Eu poderia começar dizendo ao meu chefe o que me aborrece sobre o trabalho e ver se podemos mudar algumas coisas. Eu poderia dizer a minha esposa o quanto estou infeliz."

Atividade de conscientização: tente outra abordagem para o trabalho de memória

Pense em quantas vezes você ouviu a si mesmo ou outra pessoa dizendo algo como: "Não entendo de onde vem esse comportamento." Retornar às suas memórias para reunir informações pode ajudar você a superar problemas antigos e recorrentes.

1. Para fazer isso, comece pensando em um problema. Lembrar-se de um momento recente em que você estava passando por esse problema poderá ajudá-lo a focar.

2. A seguir, identifique o tipo de relacionamento em que o problema está acontecendo: trabalho (ou escola), crianças, relacionamentos íntimos, autoestima (relacionamento consigo mesmo), espiritualidade (relacionamento com Deus/o universo), amizades, família extensa ou comunidade.
3. Agora, deixe que uma memória relacionada a uma primeira experiência nesse tipo de relacionamento se apresente para você. Por exemplo, se você escolher o trabalho, pense na primeira experiência profissional e veja que lembrança vem à sua mente. Se o problema está relacionado com as crianças, lembre-se de um momento na sua infância em que você estava tendo um problema com seus pais. Se disser respeito a relacionamentos íntimos, qual é a lembrança sobre o seu primeiro namorado, namorada ou experiência sexual?
4. Escreva a memória, incluindo quantos anos você tinha na época, como se sentiu, e o que a sua criança interior decidiu. Certifique-se de que sua decisão soe adequada à idade: uma criança de 5 anos diria isso dessa maneira? E uma de 11 anos?
5. Depois de escrever sua memória, *sublinhe a parte mais significativa*. Então escreva uma frase, começando com essa parte. Adicione seus sentimentos e então termine a sentença com a decisão da sua criança interior. É mais fácil do que você pensa.

As histórias a seguir apresentam quatro pessoas que usaram esse método para descobrir suas crenças fundamentais.

A memória de Harry é um bom exemplo de como isso funciona: "No ensino médio eu me voluntariei para construir um estande para nosso clube em uma feira da escola. Eu projetei e então comprei todos os materiais para fazê-lo. Trabalhei no projeto todo sozinho. Desenhei e construí o estande de modo que ele pudesse ser desmontado e remontado. Eu não poderia estar disponível no dia da feira para ajudar a montá-lo porque tinha um jogo de basquete. Então, providenciei as instruções para montagem do estande. Quando cheguei à escola após o jogo de basquete, o estande estava em pé, mas parecia horrível. Os alunos que o montaram fizeram o melhor que conseguiram, mas estavam zangados comigo porque não conseguiram seguir minhas instruções. Eu me senti desvalorizado, desencorajado e envergonhado porque tive que trabalhar no estande do jeito que ele estava. Eu tinha 16 anos, e o meu *eu* de 16 anos decidiu: 'Eu não posso deixar ninguém me ajudar. Tenho que fazer tudo sozinho.'" Harry escreveu sua frase assim: "Eles estavam zangados comigo porque não conseguiram seguir minhas instruções, e eu me senti devalorizado, desencorajado e envergonhado – eu tenho que fazer tudo sozinho."

Aqui está a memória de Shane: "Eu estava fazendo a lição de casa de matemática e pedi ajuda ao meu pai. Em vez de me orientar, ele me forçou a responder o problema sozinho. Ele não acreditou em mim quando disse que não tinha entendido. Eu me senti envergonhado e criticado porque o papai pensou que eu sabia tudo e estava desperdiçando o tempo dele. Eu tinha mais ou menos dez anos e minha criança interior de dez anos decidiu nunca mais pedir ajuda." Dessa memória, Shane escreveu a frase: "Ele não acreditou que eu não havia entendido, e eu me senti envergonhado e criticado, então decidi nunca mais pedir ajuda."

A memória de Blythe era: "Eu estava no Fundamental II e era a melhor amiga de Keesha, que fazia aulas de instrumentos de cordas. Eu praticava instrumentos de sopro. Ela fez amizade com algumas garotas em sua classe e eu me senti rejeitada. Mas no Dia das Bruxas, Keesha e eu fomos convidadas para uma festa. Decidimos ir de palhaças gêmeas. Eu posso ver nós duas pegando o ônibus a caminho da festa, vestidas bem iguais com grandes pés de borracha, narizes vermelhos e perucas, com nossos rostos pintados de branco. Nós vestíamos as calças dos nossos pais, camisas grandes e gravatas. O sentimento da memória é alegre. Eu tinha 13 anos e minha criança interior de 13 anos decidiu: 'Eu adoro estar incluída e não ser tratada como a segunda opção.'" A sentença de Blythe veio a ser: "Nós estamos pegando o ônibus, eu me sinto feliz e decidi: 'Eu amo ser incluída e não ser tratada como a segunda opção.'"

Dom se lembrou: "Peppi, o periquito, estava perdido no meu quarto, então eu fiquei procurando o bicho, tentando aprisioná-lo embaixo de uma caixa de papelão. Quando eu finalmente prendi ele com a caixa no chão, ela bateu em seu pescoço. Eu o matei. Eu me senti aterrorizado. Eu tinha 5 anos e minha criança interior de 5 anos decidiu: 'Oh, não, o que foi que eu fiz? Estou encrencado agora.'". A frase de Dom é: "A caixa bateu em seu pescoço e eu me senti aterrorizado e decidi: 'Oh, não, o que foi que eu fiz? Estou encrencado agora.'"

Autoconsciência, aceitação e o princípio do encorajamento

Junte tudo

A esta altura você pensou em um problema atual, escreveu sua memória e elaborou uma frase como a das quatro pessoas nos exemplos anteriores. À medida que reunimos as informações para cada um deles, talvez você possa começar a ver como sua memória pode ajudá-lo a compreender por que está empacado. Você verá quais são os problemas mais profundos que precisa resolver para seguir em frente no presente.

Veja o caso de Harry, que parece não conseguir encontrar ou se manter em um emprego. Não era por causa de sua falta de habilidades. Tampouco era o caso de não estar regularmente procurando por trabalho – alguma coisa a mais o estava segurando. Quando ele olhou para a frase que elaborou, disse: "Trabalhar essa memória abriu a porta de uma casa em que eu não sabia que morava. Eu venho carregando tanta vergonha comigo que tenho medo de trabalhar. Acho que descobri como parecer que estava ocupado, enquanto estava entretido protegendo a mim mesmo de sentir mais vergonha. Eu também estava zangado porque pensava que tinha que fazer tudo sozinho."

"Antes de aprender sobre memórias de infância, eu pensava que meus problemas eram causados por quem eu era – alguém que não podia contar com os outros. Agora vejo que o que decidi quando era criança me levou a criar os problemas. Sem saber disso, criei situações em que as pessoas não podiam compreender o que eu estava fazendo, então não podiam me ajudar. Assim, eu acabava tendo que fazer tudo sozinho, o que me deixava muito zangado. Talvez por isso eu tenha saído de tantos empregos ou os empregadores me deixavam sair. Felizmente, meu trabalho atual está definido de modo que eu possa contar com os outros para construir o que projetar. Não tenho o equipamento ou o conjunto de habilidades para construir os produtos de alta tecnologia que estou projetando, e eles têm. Eles compreendem minhas necessidades e nunca me decepcionam, o que provavelmente é a razão por que estou me divertindo e amando tanto trabalhar para essa empresa. Acima de tudo, não acho que sabotarei meu sucesso como fiz antes porque não me sinto tão bravo como já me senti. A atividade da memória me ajudou a deixar boa parte disso para trás."

O problema atual com o qual Shane está lidando tem a ver com sua filha adolescente que está tirando notas baixas na escola. Quanto mais tempo ele gasta tentando ajudá-la, pior ela se sai. Ela reclamou que não estava entendendo a lição de casa e Shane levou isso ao pé da letra. Dedicou horas estando disponível e sendo prestativo. Ele não podia compreender por que sua filha não entregava os trabalhos que eles faziam juntos, ou por que ela estava disposta a deixar suas notas baixarem.

Quando Shane olhou para sua memória, viu que havia decidido levar sua filha a sério para que ela não sentisse a dor que ele sentiu na infância, quando seu pai o tratou como se ele estivesse fingindo. Shane queria que sua filha soubesse que ele sempre estaria disponível para ela e que ela poderia pedir sua ajuda a qualquer momento. O que ele percebeu, após analisar a sua memória, era que sua filha já sabia de tudo aquilo. Ele era um pai diferente de seu próprio pai e sua filha tinha sua própria estratégia.

À medida que observou sua filha, Shane percebeu que ela nunca hesitava em fazer o que precisava ser feito nas atividades que eram importantes para ela. Ela estava feliz em tirar notas C ou até mesmo D nas matérias que ela pensava que não a ajudariam no futuro. Shane teve que dar um passo atrás e reconhecer que sua filha era uma pessoa diferente, com problemas diferentes dos que ele tinha quando era criança, e que seu ímpeto de ajudá-la não era o que sua filha precisava.

Quando Blythe começou a trabalhar sua memória, o problema que ela escolheu focar envolvia sua amiga Stephanie, que tinha convidado mais alguém além de Blythe para ajudá-la a planejar um evento para a instituição de caridade delas. De início ela ficou confusa com a parte mais vívida de sua memória, "Nós estávamos pegando o ônibus..." De que modo essa informação poderia ajudá-la com o problema que ela estava enfrentando? Então, Blythe percebeu que talvez o "ônibus" tivesse outro significado. Por que ela estava se lembrando de um ônibus quando, normalmente, ela utilizava o metrô? Como o ônibus era diferente? "Entendi", ela pensou, "O ônibus é uma metáfora para ir a algum lugar especial, em oposição a qualquer outro meio de transporte, que é o que eu uso normalmente."

"Bem", ela pensou, "assim como no ensino médio, quando eu queria ser alguém especial, é importante para mim ir a algum lugar. Mas não estou interessada em ir a algum lugar a não ser que eu vá com meus amigos, e eu odeio quando eles me deixam de lado."

Blythe decidiu compartilhar sua memória e sua descoberta com Stephanie, que respondeu primeiramente dando um abraço nela, e depois disse: "Blythe, eu pedi a Ingrid para me ajudar porque você tem estado muito ocupada e fazendo demais. Eu pensei que era hora de mais alguém ter a vez de assumir uma parte do trabalho duro por aqui para que pudéssemos dar a você um pouco de folga. Eu nunca tive intenção de deixá-la de fora ou sugerir que você não era boa o suficiente, e sinto muito por você ter seus sentimentos feridos. Você não sabe o quanto todos nós respeitamos e admiramos você em nossa organização?"

Ao fazer esse trabalho de memória, Blythe teve a coragem de compartilhar seus pensamentos e sentimentos com Stephanie. Stephanie jamais teria adivinhado o que Blythe estava pensando e sentindo, dado que ela não é vidente. Uma vez que soube como Blythe estava magoada, ela estava pronta para encorajar a amiga.

Dom usou seu trabalho de memória para aprender mais sobre como ele se enturmava. Normalmente se via como um solitário. Quando escreveu sua frase, ele estava intrigado porque não podia imaginar como a cabeça de um periquito morto do lado de fora da caixa poderia ajudá-lo a compreender qualquer parte da sua situação atual. "Eu nem mesmo tenho um periquito", ele disse. O que Dom precisava fazer era traduzir algumas dessas informações. Talvez você descubra que precisa fazer a mesma coisa para conseguir compreender o que acabou de descobrir.

O periquito morto, como o ônibus na memória de Blythe, representa outra coisa – é uma metáfora para Dom. Olhando para a primeira parte da frase, Dom percebeu que o periquito morto simbolizava um erro. Dom, então, pensou sobre todos os modos como ele permaneceu quieto e se manteve às margens. Se cometesse um erro, ninguém perceberia e ele não se envolveria em problemas. Não admira que ele tenha pensado que não se enturmava. Não é que fosse calado ou tímido; ele se manteve recuado para se sentir seguro e se manter longe de problemas. Dom também percebeu que a única pessoa com quem ele estava em apuros quando o periquito morreu era com ele mesmo. Ele estava se punindo e encarcerando a si mesmo por ter matado o periquito acidentalmente.

Sem essa percepção, o adulto Dom ainda temia as catástrofes imaginárias que sua criança interior de 5 anos presumia. Dom ficou triste por ter matado seu periquito acidentalmente, mas percebeu que os erros que cometeu em suas atividades e relacionamentos adultos não causariam danos irreversíveis.

Usos adicionais para memórias de infância

Patricia reclamava de seu marido incessantemente, mas estava certa de que, se esperasse o suficiente, ele se transformaria na pessoa que ela poderia amar. Ela ameaçou divorciar-se em mais de uma ocasião e até se mudou por um curto período de tempo, pensando que uma separação poderia chocar Jake no sentido de melhorar sua atitude. A situação continuou a piorar até que Patricia fez o exercício de memória de infância. Para começar, ela focou uma situação recente com Jake e depois pensou em uma memória de infância. Ao focar um problema atual, ela acionou seu cérebro para fornecer-lhe uma memória que pudesse ajudá-la a aprofundar e compreender melhor a situação.

"Eu estava em um parque de diversão pela primeira vez e vi o carrossel. Eu queria muito dar uma volta, mas estava com medo e disse isso. Dave, meu primo de 19 anos, se inclinou para mim quando me ouviu dizer que estava com medo e sussurrou no meu ouvido: 'Que tal se fôssemos ao carrossel juntos?' Eu sorri, pegando sua mão. Nós dois subimos. Quando o carrossel começou a girar, ele se colocou ao meu lado com o braço ao meu redor. Eu notei seus anéis de bronze e perguntei para que serviam. Ele disse que eu podia esticar a mão e pegar um. De novo, eu disse que estava com medo; pensava que poderia cair. Ele disse: 'Eu seguro você.' 'Mas e se mesmo assim eu cair?', eu perguntei, e ele disse: 'Então eu cairei com você.' Eu me senti muito amada. Decidi que gostava de estar com meu primo e que ele era ótimo."

Depois de olhar para a memória que tinha escrito, Patricia pensou: "Não me admira que eu não esteja feliz no meu casamento. Estou procurando uma pessoa completamente diferente. Eu quero alguém como meu primo, e meu marido não é nada parecido com ele. Eu não gosto dele como ele é. Estou pedindo que ele mude quem é, não o que ele faz, e isso não é justo. Ele não pode fazer isso, então eu realmente preciso entender por que ainda estou vivendo com ele. Eu queria alguém que me segurasse e que caísse comigo se eu cometesse um erro, como aquela pequena menina na minha memória. Em nosso casamento, eu estou segurando Jake. Eu mimo porque quero ser mimada, e acho que, se fizer por ele o que gostaria que fizesse por mim, ele vai entender o que quero. Agora percebo que ele nunca vai entender."

Ainda há muito mais tesouros para Patricia descobrir, então ela usou três novas ferramentas que transformaram sua memória em uma grande ajuda. A primeira ferramenta foi conversar com sua criança interior de 5 anos e descobrir do que ela precisava. A segunda foi analisar a sua realidade. Ela usou a "varinha mágica" para reescrever a sua memória do jeito que gostaria que tivesse sido.

Plano de ação: tente estas ferramentas para destravar

Ferramenta 1: pergunte à sua criança interior o que ela precisa

Imagine-se tendo uma conversa com sua criança interior na idade que ela tinha em sua memória. Talvez vocês estejam sentados juntos em um sofá, em um tronco de árvore, ou um balanço, balançando ou abraçados, brincando no parque ou assando biscoitos, vendo um filme com pipocas, andando de patinete, saindo para comer uma pizza, ou comprando roupas. Em sua mente, faça de conta que sua criança interior está contando para você do que ela precisa e escute com atenção.

Patricia se imaginou sentada no banco do parque de diversão, com seu braço ao redor da sua pequena criança interior de 5 anos, que estava sentada em seu colo. Quando perguntou à sua criança do que ela precisava, a pequena Patricia disse: "Eu quero que meu primo Dave fique comigo. Ele cuida bem de mim e vai me manter segura." Patricia disse para sua criança interior: "Dave não está aqui, mas eu a manterei segura. Vamos começar dizendo a Jake o quão infeliz você está."

Ferramenta 2: analise a sua realidade

Pergunte a si mesmo se o seu comportamento incita as reações dos outros ou a mudança que você deseja na situação.

Toda vez que Patricia se sentia infeliz sobre seu casamento com Jake, ela retrocedia à sua criança de 5 anos. Mesmo que Jake visse uma mulher adulta, o que ele não percebia é que estava, na verdade, se relacionando com a Patricia de 5 anos. O que ele via era uma pessoa chorona, mal-humorada, rabugenta, que era o jeito como Patricia se comportava aos 5 anos quando tinha um problema. Com essa ferramenta, Patricia mais uma vez imaginou alguém que conheceu com 5 anos, de modo que ela pôde ter uma ideia clara sobre como uma criança dessa idade observa e age. Pensar na criança de 5 anos por baixo do bloqueio trouxe um sorriso para o rosto de Patricia, na medida em que ela reconheceu a idade emocional da pessoa dentro dela, tentando enfrentar seu casamento. Não é surpresa alguma que Jake não estivesse reagindo bem aos seus esforços de comunicação. Essa informação ajudou Patricia a se cobrar menos. Ela dedicou tempo a si mesma para se acalmar quando estava chateada, usando suas palavras de adulta para se comunicar com Jake mais tarde.

Ferramenta 3: use a "varinha" para reescrever sua memória

Fazer de conta que você tem uma varinha mágica é uma maneira fácil de descobrir como você pode resolver problemas ou como você gostaria que a vida fosse.

Quando Patricia "agitou" a varinha sobre sua memória, Dave estava em todas as voltas de carrossel com ela. Sua solução da varinha mágica mostrou que ela queria alguém em sua vida que agisse como Dave o tempo todo. Será que estava vivendo em negação, achando que Jake poderia ser como Dave? Jake fora, alguma vez, como Dave?

Após usar essas três ferramentas, Patricia tinha muito em que pensar e várias perguntas. Estaria ela no casamento certo? Ela instigou respostas nocivas em Jake por ter agido como uma menina de 5 anos quando não se sentia amada? Seria possível para eles curar o relacionamento se ela compartilhasse sua memória e suas decisões com Jake? A última pergunta assustou-a, porque ela não queria que Jake ficasse bravo e gritasse, ou saísse e ficasse fora de casa por horas. "Quando ele age dessa maneira, emocionalmente, eu só tenho 5 anos e não tenho idade suficiente para ficar sozinha em casa. Talvez eu possa, pelo menos, dizer isso ao Jake."

Descobrir e curar problemas do passado

Patricia não é a única a agir como se tivesse 5 anos quando está aborrecida. Talvez você tenha se visto ou a outras pessoas agindo de um modo que parece inapropriado ou fora de proporção. Provavelmente, alguma coisa na situação – uma palavra, um som, um odor, uma frase, uma atitude – despertou uma questão não resolvida da sua infância. Inconscientemente, você agiu como a pequena criança interior assustada. Uma vez que você fez a associação e começou a agir de acordo com o padrão que aprendeu há tempos, é praticamente impossível interromper no momento para "crescer" e tornar-se racional. Quanto mais você suportou dentro de si, maior é a reação, que pode incluir ataques de pânico completos e pesadelos.

Quando trabalhamos memórias de infância, pedimos para você descrever seus sentimentos e decisões ao longo da memória. Sentimentos têm energia, e se estão represados por um período muito longo, eles tendem a vir à tona de maneiras extremas. O mesmo pode ser verdade quando você não examina suas decisões de infância.

Há muitos nomes para essas distorções: alucinações, crises nervosas, ataques de ansiedade, desequilíbrios químicos, síndrome do estresse pós--traumático, entre outros. Mais do que apenas tratar o problema com drogas, é importante voltar ao pensamento ou sentimento original e começar o processo de cura. Você pode fazer isso utilizando suas memórias.

Algumas experiências que são especialmente convidativas para uma pessoa manter seus pensamentos e sentimentos reprimidos são os abusos emocionais, físicos ou sexuais na primeira infância, e ser criada por pais supercontroladores, permissivos, viciados ou negligentes. Se sua infância incluiu alguma dessas experiências, talvez você já saiba o quanto de vergonha e dor uma pessoa pode carregar. Enquanto criança, você pode ter decidido que era ruim ou que as situações ruins eram culpa sua. Talvez você tenha ignorado ou se esquecido de certos eventos porque eles foram muito dolorosos ou assustadores. Você pode não lembrar, como adulto, por que pensa ou sente dessa maneira. Como criança, talvez você tenha encontrado uma maneira de escapar, mental e emocionalmente, do seu sofrimento. Alguns de nossos clientes visualizaram-se escapando por uma rachadura no telhado. Outros se imaginaram deixando seus corpos e indo para algum lugar seguro. Um homem jovem, que era constantemente espancado quando criança, imaginou-se indo para o fim de sua rua. Mesmo em sua fantasia, não se atrevia a ir mais longe, porque, segundo ele: "Eu não tinha permissão para atravessar a rua a não ser que um adulto estivesse comigo."

Se começar a ter lembranças, sentimentos ou pensamentos desconfortáveis, nós esperamos que você os deixe sair usando o exercício de memórias da infância, em vez de tentar controlá-los e escondê-los de si mesmo por mais tempo.

Jasmine estava visitando amigos, em uma viagem de esqui no final de semana. Ela e oito outros esquiadores estavam sentados ao redor da mesa jantando. De repente, Jasmine começou a se sentir enjoada e não tinha certeza do porquê. Ela pensou que a náusea pudesse ter sido causada pela panela de feijão cozido no fogão, mas não tinha certeza. Jasmine percebeu que quase sempre tinha dor de estômago se imaginava ou via uma panela de feijão. Quando estava em casa, ela simplesmente não comprava ou comia feijões. No jantar, Jasmine não queria fazer uma cena, então ela tentou ignorar o sentimento.

Alguns minutos depois, seu amigo Brant disse: "Ei, Jas, você não vai me agradecer por carregar seus esquis hoje?" Não se sentindo muito bem, Jasmine ignorou o comentário e ficou calada, mas Brant repetiu: "Jas, você me deve um grande obrigado. Não me deixe esperando." Embora ele estivesse sorrindo quando disse a Jasmine o que fazer, ela sentiu seu estômago apertar e pensou que iria vomitar. Lutando para manter o controle, ela nada disse. Não obtendo resposta, Brant começou a andar em direção a Jasmine, parecendo que iria tocá-la. Jasmine levantou-se e gritou: "Fique longe de mim. Eu não aguento isso. Deixe-me em paz. Já chega." Os outros se sentaram em silêncio, chocados, tentando entender o que acabara de acontecer, enquanto Jasmine correu para seu carro e foi embora.

No dia seguinte, um amigo que estivera no jantar ligou para perguntar como ela estava passando. Jasmine disse: "Eu me sinto muito humilhada e envergonhada. Vocês podem me perdoar por ter feito aquela cena?" Seu amigo disse que ninguém estava bravo, eles ficaram confusos. Jasmine respondeu: "É muito difícil para mim dizer isso, mas eu acho que sei o que aconteceu porque tenho trabalhado em minhas memórias. Quando cheguei em casa, fiz algumas anotações no meu caderno e acho que descobri. Tem certeza que quer ouvir?" "Claro que sim", seu amigo respondeu.

"Eu acho que talvez tenha sido molestada quando era pequena. Eu tive um *flashback* na noite passada e imaginei uma casa que ficava abaixo, na rua da nossa casa. Eu me lembro de entrar para ver os filhotes de gato. Eu devia ter uns 4 anos. O homem que morava lá fez alguma coisa para me machucar. Eu estava chorando e tentando sair. Ele segurou um dos filhotes sobre uma panela de feijões em cima do fogão e disse: 'Se você contar a alguém o que acabou de acontecer, eu vou matar toda sua família e vou picar esse filhotinho e colocá-lo dentro do feijão.' Eu acho que a combinação de ver a panela de feijão na noite passada e depois o Brant vindo em minha direção, dizendo que eu tinha que agradecê-lo, desencadeou alguma coisa. Minhas emoções pareciam estar desreguladas. Quando eu vi os feijões pela primeira vez, meus sentimentos foram bem fracos, e na hora em que Brant se levantou e começou a caminhar na minha direção, eu estava em plena intensidade. Eu espero não ter assustado ninguém, mas acho que foi bom para mim ter gritado com ele para parar, porque eu não pude fazer isso quando era criança."

Jasmine estava sanando problemas passados. Bloquear os sentimentos estava fazendo com que ela adoecesse.

Como a supercompensação começa

Ainda criança, Jasmine decidiu que, quando o seu vizinho a molestou, a culpa foi dela, e essa decisão a modificou. Antes do incidente, ela era uma menina despreocupada. Depois, ela decidiu que era má.

A autoestima de Jasmine foi seriamente danificada. Em vez de ser seu eu mais alegre, ela se tornou quieta e recusava-se a ir sozinha a qualquer lugar. Passava horas no quarto com seus livros de colorir. Mais tarde, continuou com as artes, o que ela gostava, mas sempre sentia que uma parte sua havia desaparecido. Sabia que, para ela, a arte era um escape, um modo de provar ao mundo que ela valia a pena. Ainda que recebesse muitas premiações pelas suas aquarelas, intimamente ela nunca acreditou que era boa o suficiente.

Quando o incidente no jantar aconteceu, ela estava namorando um policial de quem não gostava muito. Depois de trabalhar com suas memórias, ela se conscientizou de que talvez estivesse saindo com ele porque pensou que ele poderia mantê-la segura. A criança interior de 4 anos ainda precisava de proteção. Jasmine estava pronta para romper o relacionamento quando percebeu que era capaz de cuidar de si mesma sozinha. Sua independência estava crescendo e ela sentiu que seu antigo eu estava voltando.

Jasmine estava concentrada em parar de pensar "ou/ou". No passado, ela acreditou que ou ela era uma artista de sucesso ou não era ninguém, sem merecimento de amor. À medida que trabalhou suas memórias, ela começou a ver que tinha escolhas. Romper com seu namorado era uma delas; compartilhar seu trabalho de memória com seu amigo foi outra. Por fim, Jasmine estava convencida de que não tinha que provar nada. Ela não era uma pessoa ruim e sem valor; seus padrões de pensamentos conectados às decisões de infância foram acionados quando alguém a feriu. Se ela teria ou não se tornado uma artista era uma questão inútil. Ela era uma artista, das melhores, e amava cada minuto de seu trabalho.

Atividade de conscientização: quando sua autoestima foi danificada

Se você pensar no passado, provavelmente poderá encontrar com precisão um momento em que sua autoestima foi danificada. *Não se trata do que aconteceu com você, mas o que decidiu sobre o evento que lançou você em um caminho de supercompensação.* Feche os olhos e deixe uma memória vir à sua cabeça. Observe a memória, os sentimentos e as decisões com olhar de adulto. Veja se consegue descobrir como você supercompensou para provar o seu valor.

É da natureza humana acreditar que você tem que se comportar de determinada maneira para ninguém descobrir como você realmente é, mas nós esperamos que, após a leitura deste livro, você saiba que é aceitável do jeito que é, e que muitos dos seus pensamentos, sentimentos e comportamentos são formas de supercompensação. O exercício de memórias de infância pode ajudar a trazer de volta quem você realmente é. Suas memórias de infância contam uma história sobre sua experiência pessoal, mas sua história é aquela que você criou com base nas decisões que tomou. Com compreensão e otimismo, você pode reescrever sua história e ser você mesmo.

Use o tesouro escondido de suas memórias para mudar sua vida e seu mundo

Esta semana você aprendeu que suas memórias contêm o tesouro escondido. As reflexões sobre sua criança interior podem mostrar a você do que essa criança precisa para se curar, de modo que você possa recuperar seu verdadeiro eu e sua autoestima. Juntamente com as atividades que você completou até agora, nesta semana você pode usar as atividades a seguir para descobrir mais sobre os hábitos de pensamento, sentimento e comportamento que adotou quando era uma criança pequena – vícios que ainda governam sua vida.

Atividade de conscientização: outras maneiras para trabalhar com suas memórias

- Escreva sua memória *mais antiga*. É a declaração mais clara de quem você é. Peça ajuda para elaborar ideias sobre "Eu", "Outros", "Vida" e "Portanto" para que você aprenda mais sobre suas crenças fundamentais (sua lógica pessoal).

- Faça de conta que você tem uma varinha mágica. Em sua imaginação, volte à infância e passe a varinha sobre os eventos que você gostaria que tivessem sido diferentes. Para cada evento, escreva o que você mudaria e como sua vida teria sido diferente como resultado.
- Esboce uma de suas memórias de infância. Você não precisa ser um artista para fazer isso. Você pode usar círculos, quadrados ou figuras palito. Você pode colocar balões de diálogo sobre a cabeça das pessoas em sua memória e dar a elas alguma fala. Dê um título ao desenho. Escreva a respeito do que o desenho diz sobre sua lógica pessoal.
- Desenhe sua criança interior e dê voz a ela. Escreva o que a criança poderia estar contando para você e veja como pode usar essa informação para ajudá-lo a resolver uma situação da sua vida atual.
- Mantenha um caderno de memórias. Você ficará impressionado ao ver como suas memórias evoluem enquanto você muda. Perceba até mesmo a variação mais sutil e use isso para ajudá-lo a monitorar o seu progresso. Uma mulher se lembrou de estar em um terraço, andando em círculos com seu triciclo. Mais tarde, depois da terapia, ela se lembrou de estar no seu terraço andando de triciclo e de perceber uma porta na parede do terraço. Mais tarde ainda ela desenhou a si mesma empurrando a bicicleta para a parede do terraço e olhando por cima. A modificação da memória revelou o progresso que ela estava fazendo.
- Perceba quando uma de suas memórias tiver um novo sentimento associado a ela. À medida que você se concentrar em encorajar sua criança interior, verá que seu trabalho lhe dá uma perspectiva mais positiva. Se você tem uma memória com um novo sentimento associado, escreva o que mudou em sua vida.
- Peça que os outros contem a você o que eles veem em suas memórias, pois às vezes é bem difícil ser objetivo. Você se lembra do que se encaixa em sua lógica pessoal, então precisa da perspectiva de outras pessoas para lhe ajudar a ver o que pode estar passando despercebido. Se o que eles veem não serve para você, não use.

SEMANA

7

COMO PENSAR, SENTIR E AGIR
COMO UMA NOVA PESSOA

Algumas das maneiras de pensar, sentir ou se comportar a seguir estão impedindo você de encorajar a si mesmo e aos outros?

1. Se você está colocando sua energia no desejo de que as outras pessoas mudem, essa pode ser uma longa espera. Acreditar que você é vítima das circunstâncias e que as coisas ruins que lhe acontecem são culpa de outra pessoa o mantém preso ao desencorajamento.
2. Se continuar a pensar que os outros veem o mundo como você, não será capaz de abrir espaço para diferenças.
3. Pensar em termos absolutos como "sempre" e "nunca" reduzirá suas escolhas e retardará seu desenvolvimento.
4. Acreditar que você jamais poderia mudar e pensar que seus padrões antigos são a única opção certamente lhe manterá travado.
5. Não prestar atenção aos sinais luminosos em seu "painel" de sentimentos pode levar você a explodir ou esgotar-se.
6. Julgar ou inibir os sentimentos pode adoecer você.
7. Pensar em seus sentimentos em vez de senti-los impedirá você de construir intimidade em seus relacionamentos.
8. Você pode estar cometendo o erro comum de assumir a raiva de outras pessoas para você de forma pessoal, em vez de perceber que essa raiva é informação sobre elas.
9. Se você pensa que precisa de uma boa razão para ficar com raiva, não será capaz de reconhecer esse sentimento quando ele surgir. Você pode ter

tendência a guardar muitas queixas pequenas, não expressadas, até explodir em uma dramática (e, provavelmente, perigosa) manifestação do que você percebe como raiva justificada.

10. Se você não agir da maneira como disse que agiria, a mudança será uma ilusão.

11. Se você pensa que precisa convencer outra pessoa da sua maneira de pensar, estará tão ocupado criando caso que desperdiçará o tempo de todo mundo em vez de alcançar o que quer.

12. Se você acredita que suas ideias não são importantes, ou tem medo de tornar a situação pior caso as manifeste, pode se retrair e manter suas opiniões para si mesmo. Então, ninguém saberá o que você pensa ou sente, e não poderá oferecer ajuda.

Compreender as conexões e as diferenças entre pensar, sentir e agir pode colocar você no banco do motorista da sua vida. À medida que ler o capítulo desta semana, você pode se surpreender com o conceito de que nem as doenças nem as outras pessoas causam os sentimentos ou comportamentos ineficazes que impedem você de seguir adiante com sua vida. Você aprenderá que, embora os eventos e as pessoas possam *provocá-lo*, eles não *determinam* o modo específico como você vai agir ou sentir. O que conduz de fato ao seu comportamento são seus próprios pensamentos e sentimentos. Isso significa que a capacidade de mudar reside diretamente sobre seus próprios ombros.

Eis aqui uma das minhas histórias favoritas que representa essa ideia. Um jovem entrou em um ônibus lotado com os braços cheios de pacotes. Alguém esbarrou nele e os pacotes caíram. Ele estava bravo e virou-se para gritar com seu agressor. Assim que se virou, percebeu que a pessoa que esbarrou nele era um velhinho cego de bengala. Então, em vez de gritar, ele se viu pedindo desculpas por estar no caminho do cego.

Na primeira situação, ele *pensou* que a pessoa que o empurrou era arrogante. Aquele pensamento conduziu ao seu *sentimento* de raiva e, quando zangado, seu *comportamento* habitual era gritar com o agressor. Mas, uma vez que ele percebeu o velhinho de bengala, ele *pensou* "Essa pessoa é cega e não pode ajudar a si mesma". Ele *sentiu* vergonha de ter estado prestes a ter um ataque de birra. O sentimento de vergonha motivou-o ao *comportamento* de desculpar-se com o "vilão" e perguntar ao homem se poderia ajudá-lo a conseguir um lugar. Tudo isso aconteceu em questão de segundos.

Sentimentos originam-se de pensamentos, e ações originam-se de sentimentos. Você não pode ter um sentimento sem um pensamento, mesmo que não esteja consciente desse pensamento, e você não pode executar uma ação sem a energia de um sentimento para dirigi-la. Se quer encorajar a si mesmo a fazer uma mudança em sua vida, terá mais sucesso se tomar consciência dos seus pensamentos (tanto conscientes como inconscientes) e modificá-los, ou conscientizar-se de suas ações e mudá-las. Mudar pensamentos muda sentimentos e conduz a mudanças de comportamento. Mudanças de comportamento também mudam sentimentos, e levam a mudanças dos pensamentos.

Descubra a diferença entre pensamentos, sentimentos e ações

Há dois tipos de pensamentos – aqueles dos quais você está consciente e aqueles que são inconscientes. Semana passada, quando você leu sobre as memórias de infância, aprendeu que há muitos pensamentos abaixo da superfície de sua consciência que estão impactando sua vida. Aprendeu como acessá-los por meio do exercício de memória. Também aprendeu a identificar a idade da criança que está escondida em você, comandando o espetáculo com sua lógica pessoal. Esta semana, você descobrirá mais maneiras de encorajar aquela criança interior e ajudá-la a atualizar sua lógica. Os pensamentos dos quais você *está* consciente, no entanto, serão um foco importante nesta semana.

Pensamentos acontecem na sua cabeça. Se você é como 99% das pessoas no mundo, é provável que confunda pensamentos com sentimentos. Quando as pessoas dizem coisas do tipo: "Eu sinto *como se* você sempre visse o pior nas pessoas", você está se referindo a um pensamento, não a um sentimento. O mesmo é verdade se você disser: "Eu sinto *que...*" ou "Eu sinto que *ela...*" O que vem após "que" e "ela" são pensamentos, não sentimentos.

Quase sempre, sentimentos podem ser nomeados com apenas *uma palavra* que descreve alguma coisa que está acontecendo em seu corpo – abaixo da sua cabeça. Se você tem dificuldade de nomear seus sentimentos, copie e pregue o quadro "As faces dos sentimentos", da Semana 1, em algum lugar em que você possa olhá-lo regularmente. Então, quando você disser "Eu sinto...", complete com uma palavra que expresse sentimento. Desenvolver sua habilidade de reconhecer seus sentimentos é uma das mudanças mais encorajadoras e poderosas que você pode fazer para ajudar-se a seguir em frente.

Entre pensamentos, sentimentos e ações, as ações são as mais fáceis de serem observadas. Com ações, não há segredos. Nós usamos a expressão "falar com duas línguas". A língua da sua boca representa suas palavras, enquanto a língua do seu sapato – onde seus pés estão –, representa suas ações. Suas ações demonstram suas verdadeiras intenções, independentemente do que você disser. Com qual das línguas você fala? (Mais uma vez agradecemos a Steve Cunningham por sua criatividade e por sua perspectiva.) Quando as duas línguas concordarem, e você agir de acordo com o que acabou de dizer que faria, você verá a mudança acontecer; se não, é provável que nada melhore.

Vivemos em um mundo no qual alterar pensamentos, sentimentos e comportamentos com substâncias e drogas (incluindo as prescritas) está enraizado na cultura, e mesmo na sabedoria convencional. Embora o uso de drogas possa alterar pensamentos, sentimentos e até mesmo comportamentos, isso não melhora as condições da pessoa. Crescimento e cura também não acontecem ao rotular cada condição como uma doença. O modelo de encorajamento e empoderamento lhe ajuda a perceber que, quando as coisas não estão funcionando, você precisa procurar pelo desencorajamento em vez da doença. Usar os círculos "pensar, sentir e agir" é um caminho vivenciado e real de obter sucesso nessa área.

Quando você muda suas ações, seus sentimentos e pensamentos se alteram como consequência. De maneira semelhante, mudar os pensamentos pode alterar os sentimentos e ajudá-lo a assumir novas atitudes. Ou você pode se concentrar em como quer se sentir para ajudá-lo a descobrir o que precisa mudar para chegar lá. É hora de juntar tudo isso.

Atividade de conscientização e plano de ação: use os círculos "pensar, sentir e agir" para encorajar a si mesmo

1. Nos círculos a seguir, comece com o círculo do meio, intitulado "Sentir". Pense em um sentimento que teve nos últimos dias e escreva-o. Certifique-se de usar o quadro "As faces dos sentimentos" da Semana 1 para ajudá-lo a ter certeza de estar usando uma palavra de sentimento.

2. Quando se sentiu daquela maneira, o que você estava pensando? Escreva no círculo "Pensar".

3. Agora preencha o círculo "Agir" com o que você fez para lidar com a situação. Pergunte-se se o que você fez lhe ajudou a alcançar o objetivo que almejava como resultado. Talvez você queira escrever seu objetivo no alto da página. Neste exemplo, o objetivo era estar comprometido e aproveitar o processo.

4. Pronto para mudar? Utilize os círculos para um desfecho diferente. Novamente, comece com o círculo do meio e escreva como você gostaria de ter se sentido.

5. O que você precisaria pensar para se sentir relaxado e comprometido? Escreva no círculo "Pensar".

6. Com esses novos pensamentos e sentimentos, o que você estaria fazendo? Escreva no círculo "Agir".

Em um instante, você criou um novo plano de ação para si mesmo. O que parecia impossível tornou-se possível com a escolha de dois novos passos. Usar esses círculos pode ajudar você a seguir adiante com encorajamento das maneiras mais surpreendentes.

Modos adicionais de ajustar seu pensamento

Agora que compreendeu a conexão entre pensamento, sentimento e ação, você pode descobrir uma porção de opções, além da utilização dos círculos, a fim de ajudá-lo a mudar o padrão que não está funcionando. Não importa se você vai começar modificando os pensamentos, os sentimentos ou as ações do padrão para alcançar um desfecho mais encorajador. Nós vamos apresentar algumas abordagens para cada um.

Dê a si mesmo um ajuste de atitude

Você já deve ter ouvido a expressão "Você é o que você come". Bem, nós a modificamos para "Você é o que você pensa". Você conhece pessoas que têm uma atitude pessimista, negativa, "pobre de mim", que sempre veem seu copo meio vazio? Elas não parecem satisfeitas ou possuidoras do que querem dos relacionamentos e da vida. Ainda assim, parecem completamente inconscientes sobre como sua atitude pode estar atraindo as respostas que elas recebem. Como você reage a pessoas rancorosas? Você quer perder muito tempo com elas, ou você mantém distância? Por outro lado, pessoas que têm uma atitude otimista e positiva veem seu copo meio cheio. Elas atraem respostas muito diferentes. Como você reage a essas pessoas?

E você? É otimista ou pessimista? Para ajudar a determinar se você precisa de um ajuste de atitude, dedique alguns minutos e entre em contato com seu estado mental atual. Você vê o copo meio cheio ou meio vazio? Como isso reflete em sua vida? Os outros o chamam de pessimista? Você encara cada dia com energia e excitação ou prefere ficar na cama? Você reclama de todos e de tudo? Se você não tem certeza sobre como responder a essas perguntas, pergunte a um amigo o que ele percebe em você. Seu amigo pode ser bem mais objetivo sobre como você se encontra. Uma vez que você está consciente de sua atitude (outra palavra para seus pensamentos), pode dar a si mesmo um ajuste dessa atitude, mudando a forma como pensa.

Pierre entrou em uma unidade de tratamento depois que sua mulher arrumou suas coisas, pegou sua filha de 4 anos e saiu de casa. Ela passou o último ano comparecendo às reuniões do Al-Anon[1] porque estava preocupada com as bebedeiras de Pierre, e sua prisão por dirigir sob influência de álcool foi a gota d'água. Quando elas estavam saindo, a filha de Pierre olhou para ele e disse "Papai, você bebe muito". Suas palavras partiram o coração de Pierre.

Quando estava em tratamento pela primeira vez, Pierre não pensava que seu hábito de beber fosse um problema tão grande. Afinal, ele pensava que não bebia tanto como a maioria dos seus parceiros. De fato, ele era sempre aquele que dirigia e levava os amigos para casa – foi assim que recebeu uma multa por dirigir alcoolizado. Mas, conforme ficava mais tempo em unidade de tratamento, Pierre começou a ver os efeitos devastadores que o álcool teve em sua vida. Seu pai foi um bêbado violento que batia nos filhos. Pierre pensava que, como nunca se comportou como o pai, ele não era tão ruim. À medida que conversava no grupo de terapia, começou a perceber com que frequência não estava presente ou disponível para sua esposa e sua filha e o quanto ele se isolou de seus sentimentos.

Quando terminou o programa, Pierre continuou com as reuniões do AA diariamente, conseguiu um padrinho, frequentou seu grupo de pós-tratamento e se dedicou ao programa de recuperação com afinco. Ele implorou para que sua mulher voltasse para casa e prometeu que a vida seria diferente. Ela já tinha ouvido suas promessas antes; sabia que precisava de mais tempo e que, mesmo que os pensamentos dele tivessem mudado, ela precisava prestar atenção em suas ações, não em suas palavras.

Conforme Pierre trabalhava por meio do AA, sua atitude e abordagem de vida continuavam a mudar. Ele parou de beber e agora pensava sobre como queria que sua vida fosse. Ele compartilhou seus sentimentos e começou a conversar com sua esposa sobre as coisas que o aborreciam. A vida não era perfeita, mas Pierre sentia-se crescendo. Em uma reunião, em que recebeu sua moeda de um ano, ele disse, com lágrimas nos olhos: "Eu nunca pensei que

---

[1] N.T.: Al-Anon é uma associação existente em diversos países que reúne parentes e amigos de pessoas com problemas envolvendo bebidas alcoólicas. Elas se encontram para trocar experiências em reuniões regulares. Fonte: http://www.al-anon.org.br/index.html.

fosse dizer isso, mas eu sou um alcoólatra agradecido, e agora eu realmente sei o que isso significa."

Pierre mudou sua atitude durante o tratamento. Ele foi do pensamento de que sua bebedeira não era grande coisa à descoberta de que estava destruindo sua família com seu comportamento. Conforme leu neste livro, você já descobriu muitas maneiras de modificar a sua atitude.

Desista do pensamento mágico

Flagrar a si mesmo ou aos outros no que chamamos de "pensamento mágico" é essencial se você quiser fazer mudanças e seguir em frente. Pensamento mágico é a crença de que apenas imaginar, fantasiar, esperar ou planejar alguma coisa fará com que isso aconteça. Se está infeliz em um relacionamento e continua esperando que tudo melhore, mesmo sem fazer nada de diferente, você está envolvido em um pensamento mágico.

Outra maneira de descobrir se você está ou não envolvido em um pensamento mágico é retornar à Semana 5, quando aprendeu sobre o espaço entre como você acha que a vida deveria ser e como a vida realmente é. A diferença do espaço reflete quanto estresse você sofre. Quando perceber que esse espaço é grande, e ainda assim imaginar que, mesmo se você não fizer nada, as coisas mudarão, você está submerso em um pensamento mágico.

Se você quer seguir adiante, precisa encontrar o seu pensamento mágico. Se você acredita que todas as suas diferenças com as outras pessoas se diluirão apenas por esperar tempo suficiente, isso é pensamento mágico. Quando você pratica o pensamento mágico, impede a si mesmo de encarar a realidade. Se você não sabe a diferença entre fantasia e realidade, não pode fazer escolhas saudáveis. Pensamento mágico traz apenas decepção. Observe como o pensamento mágico criou caos para Annette e Chuck nos exemplos a seguir.

Annette e seu marido eram casados havia doze anos. Eles tinham três filhos e moravam no interior, como Annette sonhou que seria um dia. Infelizmente, esse era o único aspecto da realidade de Annette que coincidia com seus sonhos. O marido dos seus sonhos era gentil, divertido e amoroso. Entretanto, seu marido real trabalhava até tarde todos os dias, chegava em casa exausto um pouco antes de as crianças irem para a cama, e gritava com elas por serem bagunceiras e irresponsáveis. Suas críticas constantes eram abusivas.

Uma vez, ele empurrou Annette contra uma parede quando ela implorou que ele não gritasse com as crianças. Os amigos de Annette a incentivavam a deixá-lo antes que a situação piorasse, mas ela lhes dizia que sua família era importante e que a situação melhoraria assim que seu marido estivesse menos estressado no trabalho. O pensamento mágico de Annette a manteve antecipando um futuro melhor apesar da falta de evidências de que alguma coisa poderia mudar.

Chuck acreditava que dizer alguma coisa faria isso acontecer. Por exemplo, ele dizia que queria reformar sua cozinha e se imaginava completando o trabalho em sua mente. Então, quando o trabalho não estava pronto na realidade, ele se perguntava por que sua mulher reclamava. Afinal, ele disse que faria a reforma. Esse tipo de pensamento mágico de Chuck levou muita gente à loucura – especialmente em seu trabalho. Ele fazia constantes promessas que não cumpria. Mais de uma vez, quando alguém o confrontava sobre sua falta de persistência, ele olhava verdadeiramente confuso e dizia "Eu poderia jurar que já tinha feito isso. Eu não disse que faria?"

Por que Chuck acreditava que podia dizer às pessoas o que elas gostariam de ouvir e que isso seria suficiente? Por que Annette insistia em permanecer em um relacionamento abusivo? Enquanto Annette estivesse morando com seu marido e seus filhos, ela poderia agarrar-se à fantasia de que tinha uma família, uma casa e um casamento maravilhosos. Enquanto Chuck acreditasse em suas próprias palavras, ele poderia evitar olhar para o próprio comportamento. O que seria preciso para Annette e Chuck enfrentarem a realidade? Para Annette, sofrer abuso físico, ver seus filhos magoados ou descobrir que seu marido estava tendo um caso poderia servir como um grito de alerta. Para Chuck, ser demitido poderia chamar sua atenção.

Não espere até que sua vida se deteriore para desistir do pensamento mágico. Comece por perceber o estresse crescente que você sente. Estresse pode indicar que a distância entre seu ideal e a realidade alargou-se. Pergunte-se que realidade você está evitando com o pensamento mágico. Como sua vida poderia ser diferente se você aceitasse a realidade? Qualquer que seja a resposta, tenha confiança de que você pode lidar com isso. Você terá a oportunidade de transformar desapontamento em felicidade, se parar de se entregar ao pensamento mágico. No entanto, há outras maneiras de ajustar sua atitude e sua perspectiva. Continue lendo.

Plano de ação: reescreva suas crenças

Nós recomendamos esta atividade para aqueles que fazem mudanças ao alterar os seus pensamentos. Se você prefere mudar usando seus sentimentos ou ações, provavelmente achará estas opções mais úteis. (Agradecemos à nossa colega Lee Schnebly por nos mostrar este exercício.)

Comece escrevendo uma lista de suas crenças. Em seguida, risque as partes que você não gosta e reescreva novas decisões em seu lugar. Para ajudar a criar frases de crença que você possa usar, volte à Semana 6, em que você escreveu suas memórias de infância, e descubra como interpretá-las e descobrir suas crenças.

Ao trabalhar com suas memórias, procure os extremos do seu pensamento, especialmente as frases que implicam que há apenas um jeito de ver as coisas. Veja se você pode pensar em alternativas mais encorajadoras. Quando completar sua lista, pendure-a onde possa vê-la todos os dias. Elas podem se tornar afirmações para você. Observe, no quadro seguinte, como cada pessoa modificou uma crença para criar frases mais moderadas, encorajadoras e poderosas.

> Eu não tenho que fazer isso sozinho - eu posso pedir ajuda.
> Harry: ~~Eu não posso deixar ninguém me ajudar.~~
> posso pedir se eu quiser.
> Shane: Eu ~~não pedirei ajuda nunca mais~~.
> e não preciso me preocupar se estiver em segundo lugar.
> Blythe: Eu amo estar incluída, ~~e não de ser deixada em segundo lugar~~.
> cometi um erro e isso não é o fim do mundo.
> Dom: Eu percebo o que fiz e sei ~~que estou encrencado agora~~.

Plano de ação: mude pensamentos com afirmações

Você pode fazer uma lista de afirmações para si mesmo de outras maneiras. Há muitos livros, calendários, diários e outras ferramentas com pensamentos diários e palavras de sabedoria. Se você utiliza *e-mail*, provavelmente recebe uma lista de afirmações de alguém pelo menos uma vez por semana.

Afirmações são um método popular para mudar seu pensamento, substituindo padrões antigos e destrutivos de ideias por novos, otimistas e afirmativos.

Ao encontrar uma fonte de afirmações de que gosta, faça uma lista para si mesmo. Cole-a no espelho do banheiro, na geladeira ou em algum lugar em que você possa lê-la todos os dias. Quanto mais você ler e se rodear de suas afirmações, mais rápido elas se tornarão parte do seu pensamento.

Uma afirmação de um dos nossos autores preferidos é a seguinte: O aprendiz fala "Estou muito desencorajado. O que devo fazer?"; o Mestre diz "Encoraje os outros" (Provérbio Zen).

Desenvolva uma atitude curiosa para compreender os outros

Quando você desenvolve uma atitude de curiosidade, está pronto para explorar a visão de realidade de outras pessoas de modo não ameaçador. Uma atitude curiosa permite que você permaneça aberto, consiga informação, aprenda sobre a outra pessoa, mantenha-se atencioso e compreenda os problemas dos outros. Jamie e Nadia eram amigas que se encontravam para fazer exercícios uma vez por semana. Nadia reclamou com Jamie que ela corria muito rápido e pediu para ela ir mais devagar. Jamie não conseguia entender qual era o problema. Ela nunca reclamava sobre como Nadia corria devagar e não se importava de esperar por ela no estacionamento no final da corrida. Na verdade, ela encorajava Nadia a ir em um compasso que fosse confortável para ela, mas dizer isso somente resultou em uma discussão.

Jamie sabia que elas não estavam vendo as coisas olho no olho, então decidiu colocar em prática uma atitude de curiosidade para ver o que poderia aprender. Depois de conversarem um pouco no café, ela perguntou a Nadia: "O que você quis dizer outro dia quando falou para mim 'Você pensa que é muito rápida?'" Nadia respondeu: "Nós nos encontramos para correr juntas e você dispara na frente." Jamie perguntou: "Você está dizendo que eu corro mais rápido que você?" "É claro que sim", disse Nadia: "Você começa e me abandona." "Conte-me mais", disse Jamie. Nadia olhou um pouco cética. "Está bem... Minha ideia de fazer exercício juntas é correr lado a lado para que possamos conversar. Eu não gosto de acabar sozinha", ela respondeu. Jamie perguntou: "O que há nisso que lhe aborrece?" "Eu não gosto de correr a não ser que haja alguém para conversar comigo, especialmente eu não gosto de correr no parque sozinha. Fico com medo. Eu acho mais seguro quando há duas de nós", Nadia respondeu. "Agora entendi", disse Jamie. "Estou feliz por ter perguntado porque jamais adivinharia nada disso", afirmou Jamie.

O que Jamie descobriu ao adotar uma atitude curiosa foi que cada uma delas tinha uma ideia diferente sobre seu momento de exercício juntas. Não se tratava de quem tinha a abordagem correta e quem estava errada. Nadia queria correr junto. Jamie gostava de partir junto, cada uma correndo no ritmo que fosse confortável, encontrando-se no final.

Se Jamie e Nadia quiserem elaborar um plano que dê certo para ambas, isso ajudará se elas desistirem de tentar mudar uma a outra e apenas aceitarem que seu modo de pensar é diferente. Imagine-se em uma situação parecida. Você estaria aberto a sugestões, em vez de culpar, tentar provar que um dos dois está certo e que o outro está errado?

Curiosidade é uma habilidade que emprega o tipo de escuta ativa e reflexiva que você aprendeu na Disciplina Positiva para ajudá-lo a abrir a comunicação, melhorar a compreensão e aproximá-lo mais quando estiver em conflito com sua criança. É uma das maneiras de fazer a mensagem de amor chegar. Esse tipo de escuta aberta, ativa, é muito poderosa nos relacionamentos adultos. "Perguntas curiosas", como as listadas a seguir, estão entre as frases mais amorosas que você pode dizer quando você e um amigo ou membro da família estiverem diante de diferenças e conflitos que surgem de suas realidades separadas.

PERGUNTAS CURIOSAS

Usar estas perguntas ajudará você a praticar e desenvolver uma atitude de curiosidade:

- Você está dizendo... (crie uma hipótese)?
- Você pode (poderia) me falar mais?
- O que há nisso que lhe incomoda (aborrece você)?
- Tem mais alguma coisa?

Quando você está realmente sendo curioso, além de fazer perguntas esclarecedoras como essas, pode dizer qualquer coisa que quiser desde que seus lábios não se separem! Aqui estão alguns exemplos: "Mmm...", "Mmm-Hmm..." e "Oh...", "☺"

O caminho dos sentimentos para a mudança

Como Adlerianos, acreditamos que somos seres indivisíveis, que nossas mentes e nossos corpos estão conectados e que nossas crenças impactam nossa fisiologia. Nós nos deparamos com muitos clientes que expressam seus problemas por meio de seus corpos; mudanças não acontecem para eles até que trabalhem com seus corpos para acessar seus sentimentos. Se você é uma pessoa que prefere o caminho dos sentimentos para a mudança, encontrará ajuda nesta seção.

Aprenda mais sobre seus sentimentos

Nós dissemos que sentimentos são energia em seu corpo. Você pode ter dificuldade em reconhecer que a energia dentro de seu corpo é um sentimento. Talvez tenha se referido a essa energia como indigestão ou alguma outra condição. É aqui que o quadro "As faces dos sentimentos", da Semana 1, pode ajudar. Cole-o na sua geladeira para ajudá-lo a reconhecer as palavras que nomeiam os sentimentos.

Reed, um médico de família muito querido, vinha se sentindo deprimido por mais ou menos oito meses. Ele parou de correr, odiava ir trabalhar e, quando chegava em casa, reclamava sempre de todos os relatórios que precisava escrever. Seu departamento nunca perdia a oportunidade de repreendê-lo por não atender os pacientes com rapidez ou por não manter sua papelada em dia. Reed não gostava de ser advertido, ameaçado ou que dissessem que ele não podia dar aos seus pacientes o tempo e a atenção que sentia que precisavam.

Reed sentia uma pressão adicional porque ele e sua esposa tinham comprado uma casa recentemente e gostavam de viver na cidade. Por um lado, ele tinha medo de ter que se mudar se perdesse o emprego, mas, por outro lado, ele não aguentaria ter que praticar a medicina dessa maneira. Ele se sentia encurralado, desencorajado e deprimido; e, embora não pensasse em tirar sua vida de fato, ele teve pensamentos de acabar com tudo.

Nós sabemos que algumas pessoas têm "crises" de depressão e que algumas se sentem deprimidas por anos. Elas estiveram em relacionamentos infelizes ou abusivos em casa ou no trabalho. Elas desenvolvem uma série de pensamentos, sentimentos e comportamentos que se tornam um desencorajamento paralisante. Se ouvirem com atenção os sentimentos que chamam de "depressão" em vez de medicá-los, elas perceberão que esses sentimentos estão lhes dizendo para fazerem alguma coisa a fim de melhorar sua situação.

Quando Reed ouviu seus sentimentos, decidiu começar a terapia. Na terapia, ele descobriu que o chefe do seu departamento lembrava seu pai abusivo e violento, que entrava bruscamente pela porta, pegava a criança mais próxima e batia nela. Reed não tinha como proteger a si ou aos irmãos, não mais do que ele podia quando seu chefe de departamento o repreendia aleatoriamente e o ameaçava. Não é de se admirar que ele estivesse deprimido. Entretanto, Reed percebeu que não era mais uma criança e que não estava encurralado. Ele tinha opções e estava pronto para tomar uma atitude.

Toda vez que Mitch ia à casa de sua irmã para uma visita, o namorado dela estava sempre lá, sentado próximo, beijando-a no sofá. Mitch se sentia desconfortável. Ele contou à sua amiga Judy sobre isso, e ela olhou para ele e disse: "Você parece estar com ciúme." "Eu não estou", Mitch retrucou. "Espere um pouco, Mitch", disse Judy. "Não é um crime. Ciúme é um sentimento que diz o que você quer. Você não me disse que gostaria de ter alguém especial em sua vida?"

Mitch poderia dedicar mais tempo conhecendo pessoas, participando de atividades com pessoas de opiniões parecidas, postando um anúncio pessoal, ou contando aos amigos que gostaria de ser apresentado para mais mulheres. Em vez de ficar se castigando pelo seu sentimento de ciúme, ele poderia usar a energia desse sentimento para mover-se em direção ao que queria.

Plano de ação: sinta seus sentimentos - não pense neles

Mesmo que você acredite que está tudo bem ter seus sentimentos, pode estar pensando neles em vez de senti-los, perdendo o auxílio que eles podem lhe proporcionar. Sugerimos que você use este método simples para ajudá-lo a sentir seus sentimentos: ponha a mão sobre o seu coração ou sobre seu estômago antes de começar a falar. Isso o ajudará a falar palavras que vêm direto do seu coração e do seu íntimo, não da sua cabeça. Tente isso e veja a diferença. Quanto mais você falar com seus sentimentos, mais estará preparado para se conectar com os outros. Descobrir isso pode ser um ponto de virada para seus relacionamentos. Se colocar a mão sobre seu coração ou sua barriga ajudá-lo a falar sobre seus sentimentos, vá em frente, faça isso.

Autoconsciência, aceitação e o princípio do encorajamento

O filho de 4 anos de Rosa e Miguel estava em uma pré-escola. Rosa frequentava as reuniões semanais noturnas, enquanto Miguel ficava em casa com o filho deles. Uma semana, algumas mães decidiram ir a um bar local para um drinque depois do encontro. Quando Rosa voltou para casa e contou a Miguel como estava feliz por fazer amizade com as outras mães, ela não entendeu por que ele parecia tão zangado, mas nem Rosa nem Miguel disseram mais nada naquela noite.

Nas semanas seguintes, Rosa percebeu que Miguel estava irritado com as reuniões noturnas. Antes de cada reunião, ele a questionava incessantemente sobre que horas ela estaria de volta. Ele também começou a dificultar a saída dela de casa no horário. Rosa perguntou a Miguel o que estava acontecendo e ele respondeu "Nada". Mas Rosa sabia que alguma coisa estava errada e decidiu tentar o que ela aprendera em sua reunião sobre comunicação.

Ela colocou a mão no coração e disse a Miguel que ficava triste quando ele agia como se não confiasse nela e queria que ela ficasse em casa nas noites de reunião. Ela moveu sua mão para o estômago e continuou: "Eu fico chateada e ressentida e imagino se você não quer que eu tenha amigos." Miguel começou a dizer a Rosa o quanto ele tinha a fazer em casa, como o filho deles era difícil e que ele achava que ela não deveria ir a reuniões à noite.

"Está bem, eu ouvi você, mas isso veio da sua cabeça", disse Rosa. "Agora, ponha sua mão no coração e converse comigo. Eu quero ouvir os seus sentimentos." Miguel pareceu surpreso, mas como ela levou sua mão gentilmente até seu coração, ele disse: "Eu sinto falta de ter você aqui à noite. Eu trabalho duro o dia todo e gosto de estar com você."

"Está bem", Rosa respondeu. "Agora ponha a mão no seu estômago e me diga o que realmente está acontecendo."

"O que você quer dizer?", Miguel perguntou.

"Seja sincero comigo", Rosa respondeu. "Tudo isso começou quando eu contei a você sobre a ida ao bar."

"Eu odeio quando você vai a um bar. Você é linda e eu tenho medo de que algum cara vá pegar você. Eu tenho medo de perder você." Rosa percebeu que, sob sua raiva, bem no fundo, Miguel estava assustado.

Miguel, como a maioria das pessoas, não tinha problemas em falar a partir da sua cabeça, vivendo sua vida do pescoço para cima. Viver a vida do pescoço para baixo significa mergulhar em seus sentimentos. Quando você reconhece e compartilha seus sentimentos, começa a falar a partir do seu coração e do seu íntimo. Mover-se para o nível íntimo possibilita que você fale sobre seus mais profundos e honestos sentimentos. Pense na expressão "honestidade visceral". Quando você alcança esse nível, está sendo completamente autêntico.

Rosa sentiu compaixão por Miguel quando ele foi honesto. Ela percebeu sua vulnerabilidade e estava comovida pelo seu desejo por ela. Honestidade visceral cria intimidade verdadeira no relacionamento. Para expressar seus sentimentos nesse nível, ajudaria se você se sentisse seguro ao saber que a outra pessoa não o diminuirá, invalidará sua postura ou fará piadas sobre você. Ao mesmo tempo, você atrai respeito e compaixão dos outros quando se abre dessa maneira.

Julgar sentimentos

Muitos de nós crescemos acreditando que alguns sentimentos eram ruins. Sentimentos não são certos ou errados, bons ou ruins, positivos ou negativos – eles apenas lhe falam sobre alguma coisa que está acontecendo dentro de você. Não há problemas em qualquer sentimento que você tenha. Não os julgue e não tenha medo de vivenciá-los e expressá-los. Uma vez que você aprende a prestar atenção aos sentimentos e a nomeá-los, você descobrirá muitas informações valiosas sobre si mesmo. Seus sentimentos nunca mentem para você. Você pode temer identificá-los porque pensa que, então, terá que fazer alguma coisa com eles. Mas sentimentos são diferentes de comportamentos. Apesar de serem energia, você pode ter muitas alternativas sobre o que fazer quando tiver um sentimento.

É comum rotular sentimentos como negativos e positivos. É hora de reescrever essa falácia. Sentimentos são apenas sentimentos. Eles não vão matar você. Eles vêm e vão. Eles são como as luzes de aviso do painel do seu carro – estão aqui para dar a você informação valiosa sobre seus pensamentos e suas ações ou possíveis ações.

Alguns sentimentos podem ser mais desconfortáveis e estranhos do que outros, mas não são seus inimigos. Você pode aprender com eles.

Um dos sentimentos que ganhou a pior reputação foi a raiva. Provavelmente porque as pessoas veem o comportamento e pensam que comportamento é sentimento. Se alguém está delirando, ou sendo intimidador ou abusivo, trata-se de um comportamento que é equivocadamente interpretado como raiva. Não é. É um comportamento desrespeitoso, que pode ser gerado a partir de muitos sentimentos diferentes. Algumas pessoas querem erradicar a raiva completamente, e insistem que tal sentimento não existe, que a raiva é apenas um disfarce para a mágoa.

Muitas pessoas não têm contato com seus sentimentos ou sentem medo deles. Raiva é um desses sentimentos que assustam as pessoas e, algumas vezes, é mencionada como emoção "negativa". Raiva é uma resposta humana para um estado fora de controle, supercontrolado, de impotência, de falta de controle, de ser mandado ou de não conseguir o que se quer. Muitos relacionamentos podem melhorar quando você para de descontar sentimentos de raiva, sejam os seus ou os de outra pessoa. Se você quiser compreender mais sobre a raiva e o que isso está tentando dizer a você, experimente a atividade a seguir. Com uma maior compreensão, você pode trabalhar em seu comportamento de modo mais respeitoso ao lidar com os seus sentimentos.

Atividade de conscientização: os dez dedos da raiva

Levante as mãos à sua frente. Imagine-se colocando alguma coisa de que você está com raiva em cada um dos seus dedos. Você não precisa lembrar o que está em cada dedo, exceto os últimos três. Essa atividade ajuda você a alcançar as questões sobre a raiva que estão profundamente encobertas e que podem vir à tona depois que os problemas menores são descarregados.

Algumas pessoas podem pensar, rapidamente, em dez coisas das quais elas têm raiva; outras demoram mais; e para aquelas que estão desconectadas de seus sentimentos, isso pode levar ainda mais tempo, mas vale a pena o esforço. Apenas seja paciente e encoraje-se, sabendo que não há problema em levar o tempo que precisar.

Eis aqui o que uma pessoa levantou sobre seus dez dedos de raiva: Estou com raiva do meu chefe porque ele não me reconhece. Estou com raiva porque não ganho o suficiente. Estou com raiva porque minha esposa fica na minha cola para ajudá-la no momento em que eu passo pela porta. Estou com raiva porque meus filhos são mimados e esperam demais. Estou com raiva dos meus pais por não terem me ensinado mais habilidades quando eu era criança. Estou com raiva porque nunca consigo ir pescar. Estou com raiva porque, quando vou pescar, raramente pego um peixe (isso fez ele gargalhar). Estou com raiva de mim mesmo por não defender o que eu quero. Estou com raiva porque a vida não está indo na direção que eu esperava. E, finalmente, estou com raiva porque não vejo uma maneira de fazer as coisas melhorarem.

Depois da atividade, pergunte-se o que aprendeu. Leve em consideração o que você colocou em um dos três dedos finais (oitavo, nono ou décimo) e explore como você lida com o sentimento em tempo real. Você ignora, retém, explode, afoga o sentimento no álcool e nas drogas? Qualquer uma dessas respostas comportamentais é desrespeitosa consigo e com os outros, e não vai resolver o problema que originou a raiva. O "pescador" no exemplo citado gerencia sua raiva desistindo ou culpando os outros por sua vida.

Lidar respeitosamente com a raiva

Há muitas maneiras de lidar respeitosamente com sua raiva. Uma delas é simplesmente admiti-la, dizendo a si mesmo: "Estou com raiva, e não tem problema me sentir assim." Ou pode dizer para a pessoa que você percebe que está tornando sua vida péssima: "Estou com raiva porque (preencha o espaço) _____ e gostaria (preencha o espaço) _____." É um jeito simples, porém eficaz, de liberar a raiva. Outra solução é procurar escolhas, já que a raiva quase sempre origina-se da crença de que você não tem nenhuma. Se você não consegue ver alternativas, algumas vezes é útil trocar ideias com alguém sobre as opções que você poderia ter. Você também pode buscar pequenas etapas para colocar-se em movimento de novo. Apesar de ser difícil de acreditar, ninguém manda em você a não ser você mesmo, e a única pessoa que você pode mudar é você!

O pescador do exemplo anterior ficou chocado com o quão zangado ele estava. Ele nunca pensou em si mesmo como uma pessoa irada, apenas como alguém sem sorte. Decidiu que planejaria uma coisa que gostaria de fazer a cada semana – e que então a faria. Supreendentemente, algumas das coisas que ele queria fazer envolviam seus filhos e sua esposa. Então disse às crianças que gostaria de ir pescar com elas, e elas concordaram. Disse à esposa que gostaria de dar a ela uma noite de folga, e que ele poderia cozinhar e limpar. Apenas com esses três passos, ele começou a se sentir melhor consigo mesmo e com sua vida. Ele percebeu, pela primeira vez, que estava mais no controle do que imaginava anteriormente. Ao se concentrar em sua raiva e admiti-la, ele estava preparado para fazer sua vida melhor.

Aprender com suas doenças

Outra maneira de seguir o caminho dos sentimentos para mudar é aprender com suas doenças. Se você se sente doente, pode consultar um médico que vai procurar as causas ou diagnosticar a doença. Ele pode então tentar curar ou controlar a condição, usando métodos como cirurgia, radiação ou medicação. Nós temos outra maneira de compreender a doença. Encorajamos você a descobrir a que propósito a enfermidade pode estar servindo, para que você então veja as opções de assumir um papel ativo em sua cura.

Doenças servem a um propósito. Se você está vivenciando uma "doença", você se sente desconfortável, com sofrimento e dor. Você não adoece de propósito; enfermidades são reais, e algumas vezes podem até ser fatais. Mas a doença serve a um propósito, em que seu corpo "fala" com você. Você pode até usar expressões que refletem a ideia da fala do corpo, como: "Ela é uma dor no pescoço", "Saia das minhas costas" e "Ele não assume responsabilidade nos próprios ombros".

Um dos objetivos mais óbvios para o adoecimento pode ser a conquista do reconhecimento de ser uma pessoa que está sempre doente. Ou você pode buscar receber um tratamento especial ao fazer com que outras pessoas cuidem de você. Ou pode querer ser dispensado de certas tarefas ou questões da vida. Por exemplo, perder um dia de trabalho porque precisa de uma folga poderia não ser aceitável, enquanto ficar em casa porque você está "doente" é permitido.

Não é consciente ou intencional, mas, uma vez que compreende o propósito de uma doença, pode decidir o que deseja fazer a respeito disso e até mesmo se você deseja participar de sua cura, explorando outras maneiras construtivas de ter suas necessidades atendidas.

Nosso pensamento aqui não é único. Muitas pessoas reconheceram a conexão corpo/mente e utilizaram isso para ajudar os outros a se curarem. (Reconhecemos, especialmente, o trabalho de Louise Hay, e achamos seu livro, *Cure seu corpo*, valiosíssimo em nosso trabalho com os pacientes.)

Martin trabalhava em uma oficina depois de se formar no ensino médio. Apesar de gostar de trabalhar com carros, ele odiava seu chefe. Detestava receber ordens, ser criticado e ser mantido até tarde apenas para ouvir reclamações sobre pagamento de horas extras. Martin parou na casa de sua mãe depois de um dia particularmente difícil de trabalho e disse: "Eu não aguento mais". A mãe sugeriu que ele conversasse com seu chefe, já que realmente precisava do trabalho e encontrar um novo poderia ser difícil. Martin tinha medo do chefe, mas, depois de conversar com sua mãe, ele decidiu fazer uma tentativa. Na manhã seguinte, acordou com laringite. Sua voz era nada mais que um chiado, então ele decidiu ficar em casa.

Bonnie achava muito difícil ficar ao ar livre porque era alérgica a grama, ervas daninhas e a praticamente tudo o que crescia. Mesmo com medicações, ela espirrava, chiava e se coçava. Um dia, ela estava em uma aula sobre Psicologia Adleriana e o assunto era "objetivos de comportamento". Bonnie estava consciente de que realmente odiava fazer jardinagem, então imaginou se haveria conexão entre isso e suas alergias. Ela decidiu fazer uma experiência para descobrir. O primeiro passo foi mudar sua mentalidade de "Não posso" para "Não quero". Então ela criou coragem e disse ao marido, um dia, em voz alta: "Eu não quero cuidar do jardim", em vez de "Não posso por causa das minhas alergias". Com o tempo, Bonnie percebeu que precisava de menos medicação e podia ficar ao ar livre sem maiores desconfortos. Ela também descobriu que seu marido ficava feliz em cuidar do jardim se ela não se importasse de levar o carro para ser lavado e fazer as compras.

Mudar suas atitudes para encorajar a si mesmo

Há muitas formas de trabalhar na parte da ação do "pensar, sentir e agir". Ambas as autoras deste livro começaram suas carreiras como educadoras parentais. O foco da educação parental era, sobretudo, o que os pais *faziam* que não estava funcionando, e o que eles poderiam *fazer* de diferente para melhorar o relacionamento pais/filhos. Os pais aprendiam muito sobre encorajamento e como usá-lo com seus filhos. Quando os pais modificavam o que *faziam*, eles (e seus filhos) *se sentiam* melhor e mudavam suas atitudes (*pensamento*) sobre si mesmos e sobre os outros. A lista do que você pode fazer para encorajar a si mesmo e aos outros é praticamente infinita. Vamos focar aqui alguns destaques.

Faça uma limpeza na sua comunicação

Você pode fazer uma limpeza na sua comunicação ao tirar a culpa das suas conversas, criando trocas respeitosas que levem em consideração a realidade das outras pessoas. (A Semana 8 inclui muitas formas de limpar a sua comunicação.)

Descobrimos que a fórmula "Eu sinto... porque... e eu gostaria..." é a mais eficaz. Esse tipo de "Mensagem em primeira pessoa" é fácil de usar. Ela requer poucas palavras, então os outros estão mais dispostos a ouvir em vez de se desligarem de você. Começa com uma afirmação sobre os seus sentimentos, o que cria uma conexão imediata com os outros. As pessoas não são muito competentes em adivinhar como você se sente ou o que você quer. Se você usar essa fórmula, estará preparado para compartilhar seus sentimentos de forma fácil e respeitosa com os outros.

Nós descobrimos as "Mensagens em primeira pessoa" pela primeira vez com o trabalho de Thomas Gordon, mas tivemos dificuldades em usar a fórmula sem usar a palavra "você". "Você" tende a colocar o ouvinte imediatamente na defensiva. Lott revisou a fórmula para iniciá-la com "Eu sinto...". A maioria das pessoas vai parar o que estiver fazendo e ouvir quando você usa uma palavra sobre sentimento primeiro. Com pessoas que podem ser muito defensivas, você pode começar a conversa com algo do tipo "Você não está encrencado. Eu só quero que saiba como estou me sentindo. Tudo bem para você? Você gostaria de ouvir o que tenho para dizer?"

Faye tinha uma briga contínua com seu colega de quarto para saber quem iria cuidar do lixo. Stuart disse que gostaria de ficar responsável pelo lixo, mas nunca o levava para fora até que Faye insistisse, gritasse e ameaçasse, ela mesma, levá-lo para fora. Ela decidiu tentar usar a mensagem "Eu sinto... porque..." e escreveu cuidadosamente o que queria falar. Na próxima oportunidade em que ela viu o lixo transbordando, foi até Stuart e disse, calmamente: "Eu sinto raiva porque o lixo está transbordando, e gostaria que fosse esvaziado agora." Em um primeiro momento, Stuart começou a dar desculpas e Faye repetiu calmamente: "Nós temos um acordo e eu gostaria que nós dois o cumpríssemos." Stuart gaguejou alguma coisa ininteligível, pegou o lixo e saiu pela porta.

Apesar de esse formato parecer simples, é preciso prática para identificar seus sentimentos e transmitir uma mensagem respeitosa. Recomendamos que não utilize a palavra "você", já que ela suscita atitudes defensivas e resistência. É importante lembrar que, mesmo se criar uma afirmação "Eu sinto... porque..." perfeita, o simples pedido do que você precisa ou deseja não significa que vá conseguir isso. Você pode apenas fazer a sua parte. Se a outra pessoa não estiver disponível para atender ou comunicar-se respeitosamente de volta, então você pode decidir o que vai fazer.

Como pensamentos, sentimentos e comportamento se ajustam na vida real

Sandra tinha dificuldades com sua irmã mais velha, Sue Ellen, durante anos. Por sugestão da sua terapeuta, Sandra participou de um *workshop* sobre relacionamentos. Quando o facilitador do *workshop*, Ari, pediu um voluntário para ajudá-lo a demonstrar a conexão entre pensamentos, sentimentos e ações, Sandra levantou a mão.

Ari pediu a Sandra para pensar em um relacionamento que estava preocupando-a e para descrevê-lo ao grupo. Ela começou a chorar, e Ari tranquilizou-a de que estava tudo bem chorar, e que o grupo esperaria até que ela estivesse pronta para contar sua história. Entre soluços, ela contou ao grupo sobre o último acontecimento com sua irmã, que havia decidido, sem incluir Sandra, mudar as tradições da família para o Dia de Ação de Graças e o Natal. "Eu me senti como se ela tivesse me excluído, como sempre", ela disse ao grupo. "Eu estava tão aborrecida quando ela me contou, eu mal pude terminar a conversa, então eu desliguei na cara dela. Desde então, eu tenho chorado quase o tempo todo".

Ari reafirmou a Sandra e ao grupo que o *workshop* era a oportunidade perfeita para conseguir ajuda para sua situação. Quando Sandra se acalmou, ele perguntou: "O que você quer? Saber qual é o seu objetivo vai ajudar você a aproveitar melhor o que vamos fazer a seguir." Sandra disse: "O que eu quero realmente é participar das decisões quando houver, só isso."

Ari desenhou três círculos no quadro; ele intitulou o primeiro como "pensar", o segundo como "sentir" e o terceiro como "agir". Abaixo dos círculos ele escreveu: "Objetivo da Sandra: participar do processo de tomada de decisões".

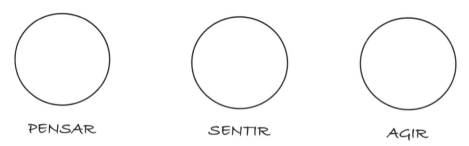

"Vamos observar como seus pensamentos sobre o problema influenciaram seus sentimentos e como seus sentimentos afetaram a maneira como você se comporta na situação", ele disse a Sandra.

Ari então perguntou a Sandra como ela estava se sentindo quando Sue Ellen disse que mudou os planos do feriado. Sandra respondeu: "Eu queria explodir." Ari explicou ao grupo e a Sandra que "Eu queria explodir" era um pensamento, não um sentimento, e pediu a Sandra para tentar de novo. "Em uma palavra, como você se sente quando quer explodir?", ele continuou. Sandra pensou por um momento e respondeu "Furiosa". Ari escreveu no círculo do meio:

Em seguida, Ari pediu a Sandra para descrever o que ela fez quando se sentiu furiosa. Sandra disse: "Eu comecei a chorar", e Ari escreveu no último círculo:

OBJETIVO DA SANDRA: PARTICIPAR DO PROCESSO DE TOMADA DE DECISÕES.

"Então, você se sentiu furiosa e chorou. Quando isso aconteceu, o que você estava pensando? O que se passava pela sua cabeça?", perguntou Ari. Sandra estava perplexa e disse: "Eu não sei." Ari disse: "A maioria das pessoas responde assim inicialmente porque não está consciente sobre pensar alguma coisa. Seu pensamento não está acontecendo em um nível consciente. Volte à situação com sua irmã, concentre-se nos pensamentos que passavam pela sua mente, e me fale sobre eles." Sandra deu uma pausa e disse: "Eu não acredito que ela está fazendo isso comigo. Eu não conto." Ari escreveu suas palavras no primeiro círculo:

OBJETIVO DA SANDRA: PARTICIPAR DO PROCESSO DE TOMADA DE DECISÕES.

"Observem o padrão de Sandra", Ari disse. "Ela acha que não é importante, sente-se furiosa e chora. Isso está funcionando para ela?" Tanto Sandra como os participantes do grupo riram. "Certamente não me ajuda no meu objetivo de ser incluída", disse Sandra.

Para ilustrar como Sandra poderia criar um padrão diferente e mais satisfatório, Ari desenhou outros três círculos abaixo dos originais, intitulou-os da mesma maneira e disse: "Da mesma maneira que você criou o primeiro padrão, você pode criar um novo, que vai colocá-la mais perto do seu objetivo."

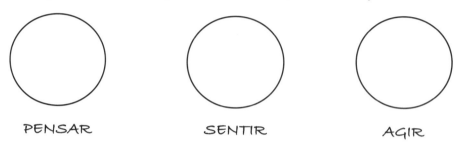

OBJETIVO DA SANDRA: PARTICIPAR DO PROCESSO DE TOMADA DE DECISÕES.

Em seguida, ele perguntou a Sandra que sentimento ela preferiria sentir em vez de furiosa. Ela pensou por um momento e balançou a cabeça, dizendo: "Não sei." Ari mostrou para ela o quadro "As faces dos sentimentos", da Semana 1, e explicou: "Quando você não está acostumada a usar as palavras para seus sentimentos, geralmente é difícil encontrar a certa. Esse quadro vai ajudar." Sandra estudou o quadro por um minuto e, então, apontou para "calma". Ari escreveu "calma" no círculo do meio:

OBJETIVO DA SANDRA: PARTICIPAR DO PROCESSO DE TOMADA DE DECISÕES.

"Se estivesse se sentindo calma", ele perguntou em seguida, "o que você estaria fazendo?" Sandra respondeu: "Eu estaria falando devagar, usando um tom de voz normal, dizendo o que eu quero." Ari escreveu o que Sandra disse no círculo intitulado "Agir".

Ele continuou: "Agora, imagine-se sentindo calma, falando em um tom de voz normal. O que você estaria pensando?" Mais uma vez, Sandra fez uma pausa. Depois, disse: "Eu posso lidar com ela. Eu posso dizer o que quero." Ari preencheu o primeiro círculo.

Ele afirmou: "Você criou um padrão diferente, Sandra. Este ajudará você a alcançar seu objetivo?" Sandra concordou com a cabeça.

Você pode criar um novo padrão para si da mesma forma como Sandra fez, mudando o que você pensa, o que você sente ou o que você faz. (O primeiro Plano de ação citado, "Use os círculos 'pensar, sentir e agir' para encorajar a si mesmo", conduz você por esse processo para ajudá-lo a mudar um de seus relacionamentos.) Você pode decidir como gostaria de se sentir, o que gostaria de fazer diferente, o que você preferiria dizer para si mesmo. Contanto que mude um círculo, os outros círculos também serão modificados. Para alguns de vocês, será mais fácil mudar seus pensamentos. Outros precisarão começar com seus sentimentos. Alguns mudam melhor ao aprender o que fazer de um modo diferente. Você descobrirá uma nova forma de encorajar a si mesmo, por onde quer que decida começar.

Plano de ação: mude seus pensamentos, sentimentos e ações com estes passos fáceis

Ler e estudar pode ajudar você a começar, mas praticar é o que vai conduzir sua mudança do desencorajamento para o encorajamento. Da lista a seguir, escolha uma ou duas sugestões para mudar seu pensamento, sentimento ou ação, para testar a cada dia.

Sugestões para *pensamentos:*

- Não se deixe prender pelo pensamento mágico; confie que os outros podem ser quem são em vez de quem você quer que eles sejam. Lembre-se de que uma cobra venenosa ainda é uma cobra venenosa, mesmo se estiver enrolada e adormecida em uma bola.
- Pergunte o que os outros estão pensando em vez de fazer suposições.
- Leve em consideração estilos diferentes e realidades distintas. É raro enxergar as coisas da mesma maneira que outras pessoas enxergam.

Sugestões para *sentimentos:*

- Preste atenção a seus sentimentos. Faça uma lista, escrevendo um sentimento que você tem a cada dia. Use o quadro "As faces dos sentimentos" para ajudar você a identificá-los e nomeá-los.
- A cada dia, compartilhe com alguém um sentimento em voz alta.
- Utilize uma mensagem "Eu sinto... porque..." para compartilhar seu pensamento e seus sentimentos e desperte uma escuta mais sincera e menos defensiva por parte dos outros.
- Para evitar manifestações irresponsáveis ou desrespeitosas, aprenda a reconhecer as manifestações físicas de raiva em seu corpo e ensine a si mesmo como se acalmar antes de confrontar os outros.
- Se está assustado ou desencorajado pelo modo como a outra pessoa expressa raiva, avise que você está disponível para ouvir seus sentimentos, mas que não está disposto a ser maltratado. Diga que, se isso acontecer, você vai se retirar até que a pessoa se acalme e possa conversar respeitosamente. Então, cumpra o que falou.
- Quando estiver conversando com um amigo, ponha sua mão na cabeça, no coração ou no seu estômago e veja o que acontece.
- Escreva uma carta furiosa para alguém de quem você esteja sentindo

raiva e fale sobre o seu sentimento. Você não precisa enviá-la – pode rasgá-la ou colocá-la em uma gaveta. No entanto, se você quiser mandá-la, faça uma releitura um ou dois dias depois de escrevê-la, antes de enviá-la.

- Permita-se ouvir seus sentimentos e confie neles para orientá-lo.
- Vá para a academia e se exercite intensamente, ou saia para uma caminhada, ou corra e deixe seus sentimentos servirem de guia.

Sugestões para *ações:*

- Se algo estiver em sua mente, coloque-o nos seus lábios.
- Certifique-se de que a língua na sua boca combina com a língua nos seus sapatos. Se você diz, você faz.
- Lembre-se de que você pode querer qualquer coisa e pode pedir isso, mas não significa que você a terá.
- Decida o que você fará para ter suas necessidades atendidas. Lembre-se de que somente porque você faz alguma coisa não significa que os outros reagirão da maneira como você espera.

Esteja aberto a possibilidades

Encorajamento refere-se ao desejo de crescer e mudar, bem como estar aberto a possibilidades. À medida que você desenvolve consciência sobre o que está acontecendo ao seu redor e sobre sua participação nisso tudo, se puder apenas aceitar que as coisas são o que *são*, a quantidade de possibilidades que se apresentam é extraordinária. As opções incluem mudar seus pensamentos, mudar seus sentimentos, e/ou mudar seu comportamento. Elas estão todas interligadas, então, se você mudar uma, as outras mudarão também. Apesar de o pensamento popular atual levar você a pensar o contrário, tudo isso pode ser feito sem medicação.

A lista de sugestões a seguir cresceu a partir das considerações de Lott sobre o que ela aprendeu em sua recente jornada. Talvez você tenha tido, recentemente, algumas aventuras em sua vida. Talvez tenha abrigado alguns desejos secretos desde a infância que esteja na hora de explorá-los. Pense no tipo de lista que você poderia fazer para encorajar a si mesmo e aos outros. Muitas vezes, o aprendizado surge ao olharmos para trás em vez de termos um plano para seguir em frente.

- Siga seus sonhos.
- Cerque-se de pessoas que conheçam e apoiem você.
- Mesmo o melhor dos planos pode ruir, então esteja pronto para transformar erros em aventuras.
- Conecte-se com sua família.
- Reserve tempo para os amigos.
- Esteja preparado para surpresas, já que as coisas nem sempre são o que você espera.
- Crie rotinas que beneficiem você.
- Acolha o inesperado.
- Revisite o que lhe é familiar.
- Mau é mau, então não ponha panos quentes.

A vida é um círculo e os desfechos raramente são o fim.

SEMANA

8

O CUIDADO E A MANUTENÇÃO DE RELACIONAMENTOS SAUDÁVEIS

Você está esperando por alguém para definir, agir ou receber alguma ajuda para que sua vida melhore? Ou você pensa que todos os problemas que tem em relação às outras pessoas são culpa sua? Ou você acredita que é apenas uma questão de falta de sorte? Sua saúde e seu bem-estar mental, emocional e físico dependem da qualidade dos seus relacionamentos – com parceiro ou esposo(a), família, amigos, colegas de trabalho e, é claro, com você mesmo.

Tornar-se um consultor em encorajamento inclui pensar sobre os relacionamentos que você tem com os outros de uma maneira completamente diferente. Mudanças verdadeiras começam com você. Em vez de culpar-se, culpar os outros ou se sentir vítima das circunstâncias, você aprenderá como substituir relacionamentos nocivos por relacionamentos respeitosos, cooperativos e horizontais, construídos com base no encorajamento.

O que é um relacionamento?

Nós descobrimos que a maioria das pessoas não tem uma imagem clara do que seja um relacionamento. Nós gostaríamos de apresentar a você o *barco do bem S.S.* Ele representa o relacionamento na ilustração a seguir. Descobrimos que é útil pensar sobre uma situação difícil, ao visualizá-la como um barco, com todas as pessoas que fazem parte do problema a bordo, relacionando-se. Eis aqui algumas alternativas sobre como o relacionamento pode parecer:

Autoconsciência, aceitação e o princípio do encorajamento

Observe que, nesse barco, uma pessoa está remando para a frente enquanto a outra está remando para trás – e o barco não vai para lado nenhum. Marion desenhou esse relacionamento com Patrick, ilustrando seu ponto de vista sobre suas abordagens opostas sobre a criação dos filhos. O objetivo dela era criar crianças obedientes que respeitassem os mais velhos, que perguntassem: "Até onde, mamãe?" quando ela dissesse para eles pularem. A abordagem de Patrick, por outro lado, poderia ser resumida como "Questione a autoridade". Ela percebeu que o problema era que, muitas vezes, eles contradiziam a decisão um do outro sobre qual seria o comportamento esperado e permitido de seus filhos quando fossem disciplinados.

Recentemente, Toby abriu um restaurante com um parceiro. Na ilustração de seu relacionamento, ele desenhou a si mesmo remando sozinho enquanto seu sócio cochilava. Ele imediatamente compreendeu por que estava tão ressentido, e pôde ver que estava se sentindo sobrecarregado e sem apoio, levando nos ombros a maior parte da responsabilidade sobre o destino do negócio.

Susan se sentia sozinha e abandonada desde que Annie, sua amiga do peito, havia se casado e engravidado. Toda conversa com Annie era sobre seguro-saúde, financiamentos e estabelecimento de uma nova família com seu marido. O tempo delas juntas havia se tornado limitado, e Susan temia que, por ainda levar a vida de solteira e trabalhar para o mesmo ortodontista durante dez anos, ela tivesse pouco a acrescentar ao entusiasmo que sua amiga sentia toda vez que estavam juntas. Susan desenhou a si mesma agarrando-se a uma linha fina e sendo arrastada atrás do barco que Annie conduzia.

Gerry acha que está seguindo os valores que seu pai lhe ensinou: trabalhar duro, economizar dinheiro e manter-se física e socialmente ativo. Ainda assim, ele está infeliz, entediado e insatisfeito. Quando visita seus pais, eles fazem um interrogatório sobre detalhes de sua vida e, depois, seu pai lhe dá todo tipo de instruções com a intenção de melhorar sua situação. Ele pensa que Gerry deveria aceitar mais a vida como ela é, em vez de esperar que tudo seja perfeito. O barco de Gerry mostra seu pai na popa com um megafone na mão, criticando cada movimento seu, enquanto Gerry rema furiosamente.

Atividade de conscientização: seu relacionamento é saudável?

Considere um relacionamento que você deseja melhorar ou compreender melhor. Agora pense sobre como esse relacionamento se pareceria. Dedique alguns minutos para desenhar seu barco antes de continuar este capítulo, a fim de que tenha uma imagem para consultar à medida que identificar maneiras de melhorar. Lembre-se, isso não é uma obra de arte, então formas e personagens palito funcionam muito bem.

Dê ao seu relacionamento um título e desenhe balões de diálogo sobre cada pessoa no barco. Escreva o que cada pessoa poderia estar dizendo.

Por fim, encontre alguém para conversar sobre o desenho que fez e, depois de explicar como você vê o problema, peça para ouvir a perspectiva dele. Sempre ajuda ter um segundo par de olhos examinando nossa lógica pessoal. O que você aprendeu ao desenhar o seu relacionamento? E conversando com seu amigo?

Keisha desenhou um barco em que ela está remando, suando e cantando, enquanto sua irmã mais nova está empoleirada na proa, de biquíni, tomando um drinque e se bronzeando. O título do relacionamento de Keisha é "Nenhuma boa ação fica impune". Em seus balões de diálogo, ela escreveu no que estava acima dela: "É um trabalho árduo e eu posso torná-lo divertido se cantar." No balão de sua irmã, ela escreveu: "Você tem sempre que estar tão contente? Como é que você nunca passa tempo comigo?"

Quando Keisha olhou para a imagem do seu relacionamento percebeu que ela e sua irmã tinham intepretações muito diferentes da mesma situação. De início ela se sentiu magoada, zangada, incompreendida e caçoada por sua irmã mais nova. Ela mostrou a figura para uma amiga, que perguntou: "O que você acha que sua irmã quer de você?" Keisha disse: "Eu acho que ela quer que eu

"NENHUMA BOA AÇÃO FICA IMPUNE."

me sinta tão mal como ela." Sua amiga riu e disse: "Talvez ela queira apenas a sua atenção total. Talvez ela tenha outra ideia sobre o que fazer quando estão juntas."

Keisha não tinha certeza sobre o que sua amiga quis dizer, então pediu para ela ser mais específica. Sua amiga disse: "Talvez sua irmã queira se sentar ao seu lado com um dos remos para que vocês possam remar juntas. Ou talvez ela deseje que você dê uma pausa, pare de trabalhar tanto e saia para tomar um drinque com ela, e apenas se divirtam. Isso é possível?"

Keisha pensou sobre as sugestões de sua amiga e então telefonou para sua irmã, dizendo: "Eu tenho trabalhado muito nestes últimos tempos e preciso de uma folga. Por que não nos encontramos em algum lugar para almoçar ou jantar e passamos um tempo passeando? Você topa?" Para sua surpresa, a irmã respondeu: "Eu adoraria isso", sem mesmo uma pitada de sarcarmo.

Qualidades de um relacionamento saudável

Conforme você olha para as ilustrações anteriores e para a que você acabou de desenhar, imagine que está contando para um amigo sobre o que procura em um bom relacionamento. Pode ser um relacionamento no trabalho, com um amigo, com um parceiro íntimo. Você diria a seu amigo para procurar relacionamentos como aqueles ilustrados? Você diria a ele ou ela para buscar alguém que fosse crítico, apático, ditatorial, mesquinho, pernicioso, desonesto ou zombeteiro? É claro que não!

Você pode estar tolerando muita coisa por não acreditar que um relacionamento pode ser diferente, porque você não sabe como agir para mudar isso, ou porque você não acredita que pode encontrar um relacionamento melhor. Você pode se sentir desencorajado e impotente para fazer a diferença.

Atividade de conscientização: classifique as qualidades do seu relacionamento

Se você for como muitas pessoas, pode não reconhecer um relacionamento saudável quando vê um! Aqui está uma lista para ajudá-lo a reconhecer o que se refere a "saudável". Pense em um relacionamento importante que você tem enquanto lê a lista. Ponha um número na frente de cada qualidade na lista para indicar com que frequência ela é verdadeira em seu relacionamento. Use 3 para sempre, 2 para na maior parte do tempo, 1 para algumas vezes e 0 para nunca.

Em um relacionamento saudável, vocês dois...

- Respeitam o outro como respeitam a si mesmos.
- Sentem-se seguros e confiam na outra pessoa.
- Podem ser vocês mesmos e serem valorizados por quem são.
- Divertem-se juntos.
- Têm tempo para si mesmos.
- Praticam cooperação em vez de competição.
- Preveem que ambos continuarão a crescer.
- Compartilham interesses em comum.
- Encorajam relacionamentos além do relacionamento de vocês.
- Praticam a reciprocidade.
- Usam métodos de resolução de conflito ganha-ganha.
- Comunicam-se honestamente.
- Compartilham e escutam os sentimentos do outro sem ficar na defensiva ou pensando no que precisam consertar.
- Valorizam as diferenças.

- São curiosos em vez de preconceituosos.
- Permitem-se ser aprendizes.
- Pedem o que querem e precisam, em vez de esperar que os outros leiam a sua mente.
- Não toleram ou causam violência.

Se a sua pontuação final está entre 41-54, você tem um relacionamento saudável. Se sua pontuação ficou entre 25-40, você tem um relacionamento, na maioria das vezes, saudável. Um intervalo de 13-25 significa que seu relacionamento é, basicamente, pouco saudável, e, se sua pontuação está entre 0-12, você está em um relacionamento doentio. Além de ajudá-lo a avaliar a saúde do seu relacionamento atual, a lista pode guiar você para onde quer ir e o que você poderia querer melhorar.

Se a sua pontuação o incomodou, não se desespere. Se realmente quiser melhorar isso, continue lendo para encontrar pequenos passos que você pode dar para criar e manter relacionamentos mais saudáveis. Então, confie que os pequenos passos que você dá podem ter um grande efeito cascata.

Eis aqui outro modo de pensar sobre relacionamentos e se eles são saudáveis ou não. Observe os dois círculos a seguir:

Quanto mais você usar e praticar as ideias deste capítulo, mais você estará pronto para se mover do círculo da esquerda – que representa os relacionamentos doentios – para o círculo da direita – que representa os saudáveis. Um relacionamento nocivo é aquele em que você se sente péssimo na maior parte do tempo, mesmo que de vez em quando você cumpra algumas práticas saudáveis da lista. Um relacionamento saudável pressupõe exatamente o oposto, e quando você está operando naquela porção menor da torta, onde as coisas não parecem boas, ambos estão empenhados em colocar o relacionamento de volta nos trilhos. Algumas pessoas acham que têm um bom relacionamento quando as coisas estão indo bem por um curto período de tempo. Elas se iludem pensando que têm que se ajustar à pequena fatia das coisas boas.

Quatro caminhos conduzem a relacionamentos saudáveis

Imagine-se em um cruzamento com uma placa que indica quatro direções. Todos os quatro caminhos levam você a relacionamentos saudáveis e melhoram sua qualidade de vida. Trilhar qualquer um deles ajudará você a compreender por que alguns dos relacionamentos são tão desconfortáveis e pouco gratificantes.

Você pode escolher um caminho ou percorrer cada um em momentos diferentes, a depender da sua curiosidade, do seu estilo ou do relacionamento que você esteja empenhado em melhorar. Uma vez que cada uma dessas qualidades é muito importante, o restante do capítulo apresenta a você como integrá-las em seus relacionamentos.

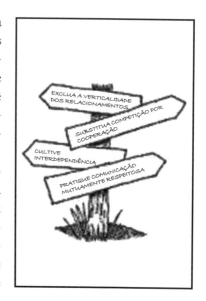

1. Exclua a verticalidade dos relacionamentos

Talvez você nunca tenha pensado nisso dessa maneira, mas relacionamentos podem ser tanto verticais como horizontais. Em um relacionamento horizontal, as pessoas tratam umas às outras como iguais, independentemente de suas diferenças. Imagine uma nota de um real e quatro moedas de 25 centavos. Apesar de terem o mesmo valor, a nota de papel é mais fácil de carregar na sua carteira, enquanto as moedas são mais úteis quando você precisa de troco ou quando está usando uma máquina operada por moedas. Relacionamentos horizontais funcionam de maneira bem parecida. As pessoas no relacionamento horizontal têm valor equivalente, mesmo que tenham empregos, papéis, habilidades, experiências e interesses de vida diferentes.

Em contraste, nos relacionamentos verticais, as pessoas não tratam umas às outras como se tivessem igual importância. Na sutileza – e muitas vezes de maneiras não tão sutis – mensagens são trocadas de forma a sugerir que uma pessoa é superior enquanto a outra é inferior. O quadro a seguir, intitulado "Relacionamentos horizontais *versus* relacionamentos verticais", oferece a você mais exemplos sobre como isso funciona.

Relacionamentos horizontais *versus* relacionamentos verticais

Para ter relacionamentos horizontais:	Para ter relacionamentos verticais:
Trata os outros como iguais.	Trata os outros como inferiores ou superiores.
Encoraja os outros e promove autoconfiança.	Desencoraja os outros e promove sentimentos de inadequação.
Estimula sentimentos positivos.	Estimula sentimentos negativos.
Solicita transparência, discussões, alternativas, contribuição e abertura.	Insiste que o seu jeito é o jeito certo.
Ama a si mesmo e trata os outros bem.	Rebaixa-se e critica, corrige, pune e ameaça os outros.
Promove igualdade.	Vê a si mesmo ou aos outros como "apenas um..." (apenas um estagiário, apenas uma vítima, apenas uma mulher etc.)
Pratica dar e receber.	Espera que os outros cuidem de você e se acha nesse direito.
Trabalha para criar soluções em que todos ganham.	Manda, obedece ou procura por culpados.
É firme e gentil.	É permissivo ou autoritário.
Enfatiza a cooperação.	Enfatiza a competição e o poder sobre os outros.
Confia no poder do amor.	Tem amor pelo poder.
Valoriza as diferenças.	Insiste no jeito "certo" e "errado" de fazer as coisas.
Pratica respeito mútuo.	Pratica superioridade moral.
Abre espaço para todos aprenderem.	Atribui o *status* de "especialista" para poucos.
Pensa em termos de "nós".	Pensa em termos de "meu", "seu" ou "deles".

(continua)

Relacionamentos horizontais *versus* relacionamentos verticais (*continuação*)

Para ter relacionamentos horizontais:	Para ter relacionamentos verticais:
Tem uma atitude de curiosidade.	Tem uma atitude de sabe-tudo.
Assume responsabilidade sobre o próprio comportamento e espera o mesmo dos outros.	Culpa, julga, critica e procura por culpados.
Muda a si mesmo.	Tenta mudar ou controlar os outros.
Pratica honestidade emocional.	Usa demonstrações emocionais para intimidar e manipular os outros.

Um enfermeiro chamado Carson encontrou bastante ajuda ao aprender a pensar em termos de relacionamentos verticais e horizontais. Depois de dez anos em um consultório médico familiar, ele conheceu bem muitos dos pacientes. Parte do trabalho de Carson era aplicar injeções em adultos e crianças, reforço de antitetânica para trabalhadores feridos e vacinação em viajantes estrangeiros. Ele aprendeu, ao longo dos anos, que mesmo o mais sofisticado dos pacientes poderia agir como um bebê quando se tratava de agulhas. Carson era especializado em injeções indolores e experiente em deixar mesmo o mais amedrontado dos pacientes à vontade. Com verdadeiro interesse, ele questionava os pacientes sobre suas vidas e, à medida que eles batiam papo sobre si mesmos, ele cumpria sua missão de "espetá-los". Seus pacientes gostavam dele e reconheciam sua habilidade. Carson olhou para o quadro e percebeu que seus relacionamentos no trabalho estavam no lado horizontal da lista.

Então, um dia, Carson injetou um paciente com a medicação errada por engano. Irado, o paciente atacou-o verbalmente, e gritou suas queixas para a recepcionista. Ainda que Carson se desculpasse intensamente e explicasse que a substância não lhe faria mal, o paciente, um ocupado fiscal de impostos, estava furioso por ter que voltar no dia seguinte para verificar os efeitos da injeção incorreta.

Carson estava profundamente abalado. Mesmo que o restante do consultório garantisse a ele que não havia uma única enfermeira viva que nunca tivesse trocado uma substância ou aplicado uma dose errada, Carson se viu com receio de trabalhar. Então, quando verificou o quadro sobre Relacionamentos horizontais *versus* relacionamentos verticais, ele pôde ver que tinha se colocado no lado dos relacionamentos verticais da lista. Em vez de lembrar-se de que ele promovia a igualdade, julgava-se como "apenas" um enfermeiro, abaixo em *status* do fiscal de impostos, que era um "especialista". Mesmo que Carson pensasse que o fiscal estava agindo como um cretino irracional, ainda assim se rebaixava por seu erro e culpava-se por não ser capaz de controlar a reação do paciente. Não conseguia sair do papel que ele mesmo escavou para si.

À medida que estudou o quadro, Carson decidiu que o caminho para se sentir melhor consigo mesmo seria criar mais comportamentos no lado horizontal, enquanto minimizava aqueles do lado vertical. Ele teve uma verdadeira revelação quando perguntou para a recepcionista quais eram seus truques para lidar com pessoas desagradáveis ao telefone sem perdê-las como pacientes. Na próxima vez que um de seus pacientes reclamou, ele disse, com um sorriso: "Você provavelmente não acreditaria em mim se eu dissesse que isso pode ser mais desconfortável para mim do que é para você."

Atividade de conscientização: seu relacionamento é vertical ou horizontal?

Eis aqui um jeito muito simples de descobrir se um relacionamento é vertical ou horizontal. Pergunte-se: Quem é a primeira pessoa a quem você telefonaria com notícias realmente boas ou ruins? Seu relacionamento com essa pessoa é horizontal.

Pense em alguém que você realmente detesta ter por perto, ou alguém com quem você está tendo dificuldades. Que qualidades essa pessoa possui que fazem com que você se sinta irritado, bravo, aborrecido ou desesperançoso? É bastante provável que você esteja em um relacionamento vertical com essa pessoa.

Por fim, pergunte a si mesmo como quer que os outros se sintam quando estão perto de você. Para fazer isso acontecer, quais ideias do quadro anterior você está disposto a tentar? Quais você quer realizar com menos frequência? Dedique um tempo e escreva o que você aprendeu.

2. Substitua competição por cooperação

Muitas pessoas cresceram em famílias em que o relacionamento vertical de seus pais e os valores de família criaram uma atmosfera de competição, então elas nunca aprenderam com o que se parece um relacionamento cooperativo e horizontal. Quando você trabalhar para minimizar a competição e maximizar a cooperação, estará preparado para aproveitar melhor o seu relacionamento.

Você pode não ter pensado em competição como algo que envolve a comparação vertical de si com os outros, reparando quem é melhor, quem é pior, quem está certo, quem está errado, e assim por diante. Mas quando você se compara com outra pessoa, normalmente acaba se sentindo como um "vencedor" ou um "perdedor", baseado nos julgamentos absolutos que desenvolveu quando era pequeno. Isso não é a mesma coisa que perceber que você é diferente dos outros. Não é o mesmo que notar que os outros podem ter muito mais a oferecer para ajudá-lo a aprender a fazer as coisas de um jeito diferente. Em vez disso, estamos nos referindo a comparações que fazem você imaginar que não é bom o suficiente do jeito que é.

Quando era mais novo, a competição pode ter tido um papel bem grande em como você foi criado. Seus pais podem ter dito coisas como: "Não aja como seu irmão" ou "Por que você não pode ser uma boa menina como sua irmã?"

Você pode ter crescido em uma região onde era considerado melhor que outras pessoas se estivesse na religião "certa", tom de pele "certo" ou *status* econômico "certo". Você pode ter sido comparado, ou ter se comparado, com outras crianças verticalmente em termos de seus talentos, habilidades, esforços e conquistas. Isso é especialmente comum na escola, onde notas indicam como se comparar com os outros. Você se lembra do quadro de estrelas para o bom comportamento ou para leitura de livros completos, ou as marcas pretas perto do seu nome se você se comportasse mal? Essas coisas disseram a você, num piscar de olhos, onde você estava em relação aos outros. Todas elas são formas de competição.

Estar em uma hierarquia vertical com os outros é incerto, independentemente se você está acima ou abaixo deles. Mesmo estar "um degrau acima" dos outros pode ser desencorajador. Quando você está acima, tem que se esforçar para manter sua posição, certificando-se de que ninguém o alcance, ultrapasse ou derrube você. Para estar "acima", você depende de ter alguém "abaixo" de você. Você não pode se sentir encorajado quando decidiu que é tanto melhor como pior que os outros – que seu *status* e seu valor dependem de os outros estarem acima ou abaixo de você.

Comparar-se aos outros é algo que você fazia quando criança para descobrir quem você era. Agora que cresceu, tem a habilidade de perceber que, se um membro da família, um colega, cônjuge ou amigo é realmente bom em alguma coisa, isso não significa que você não pode se esforçar para desenvolver uma habilidade semelhante do seu jeito. Você também pode entender que não precisa ser tão bom em algo quanto os outros (ou melhor que eles) para que sua contribuição seja levada em conta.

Trabalhar para criar mais cooperação e menos competição em seus relacionamentos não apenas ajudará você a se sentir e agir melhor, como também os outros no relacionamento se sentirão melhor. Se você tem filhos, eles serão beneficiados também. Você pode superar os efeitos negativos da competição, aprender a valorizar as diferenças e a diversidade, bem como trabalhar com os outros em direção a objetivos comuns, em vez de contar pontos para saber quem é melhor do que quem.

Atividade de conscientização: você é competitivo?

Examine sua atmosfera familiar e valores de família da atividade que você fez na Semana 2 para indícios de competição. Agora pense em seus relacionamentos atuais. Onde e como você se vê comparando? Essa competição é benéfica para você ou está atrapalhando? O que você pode fazer para mudar isso?

Descubra sua bagagem pessoal

Outro modo de substituir competição por cooperação é descobrir como você pensa diferente dos outros ao examinar a sua bagagem. Imagine-se fazendo uma mala de viagem cheia de ideias e conclusões que você formou quando era mais novo. Você carregou-as consigo ao longo da vida. Mesmo que agora tenha um corpo adulto em um mundo adulto, você continua a pegar ideias que foram formadas na sua infância de dentro dessa mala metafórica. (Essa informação está embasada no material do *workshop* de Maxime Ijams e apresentado em *Conhecer-se é amar a si próprio*, por Lott, Kentz e West).

Você pode ter bagagem sobre qualquer coisa: dinheiro, educação, sexo, homens, mulheres, trabalho, crianças, férias, religião, doença, casamento, amor, política e outros temas. Em relacionamentos, você descobrirá que vai vivenciar menos estresse com esses assuntos quando sua bagagem for semelhante à da outra pessoa com quem está interagindo. Quando sua bagagem é diferente, você tem um conflito e é possível que nenhum de vocês perceba o porquê. Você pode imaginar que a outra pessoa está sendo teimosa ou exigente até que você aceite que suas realidades são diferentes.

Se desejar se conscientizar da bagagem que carrega com você, faça uma lista sobre qualquer dos tópicos listados anteriormente que diga respeito a você. Sinta-se à vontade para acrescentar outros que julgar importantes. Olhe para o tópico e escreva o que lhe vier à mente. Se você não souber o que escrever, pense nas mensagens que recebeu sobre o assunto quando estava crescendo. Algumas vezes ajuda imaginar uma placa pendurada na sua casa da infância que exiba uma afirmação sobre o tema.

Eis aqui uma ilustração do que Blake e Bart descobriram que tinham em suas respectivas bagagens.

Quando compararam suas listas, estava óbvio para Blake e Bart, pela primeira vez, por que eles brigavam tanto para tentar definir quem estava certo. Algumas vezes eles se perguntavam o que os teria atraído no início. Se você está lidando com um problema de relacionamento, compare sua bagagem com a da outra pessoa (se ela estiver disposta). Identifique algumas origens de harmonia ou discórdia em seu relacionamento. Tomara que você encontre mais áreas compatíveis do que Blake e Bart encontraram. Se evitarem pensar em ou isso/ou aquilo, você e a outra pessoa podem pensar em algumas soluções. Ou, pelo menos, você pode estar preparado para compreender e aceitar suas diferenças.

Uma atitude de curiosidade também pode ajudá-lo a abrir mão de competir para estar certo. Com curiosidade, alguém querido e próximo a você pode perguntar: "Qual é a sua ideia para tirar boas férias?" ou "Do que você precisa quando não está se sentindo bem?" Imagine a diferença que pode haver no resultado quando você e os outros cooperam para aprender sobre seus respectivos pensamentos ocultos, em vez de lutar para ser aquele que está "certo".

Atividade de conscientização: torne-se consciente das realidades separadas

Outro jeito de conversar sobre bagagem é pensar em termos de realidades separadas. Seus pensamentos são sua realidade. Os outros, provavelmente, pensam de forma diferente, então eles teriam uma realidade distinta. Para compreender melhor as realidades separadas, imagine-se na situação representada na ilustração a seguir, com quatro pessoas em pé em uma fila de elevador de uma estação de esqui. O que você estaria pensando?

Observe que cada pessoa tem pensamentos que são únicos e separados de todos os outros. Quanto mais semelhantes são os seus pensamentos aos de outra pessoa, menores são os problemas e conflitos que você terá com ela. Se você não soubesse sobre realidades separadas, poderia supor que os pensamentos de outra pessoa combinam com os seus, e não passaria pela sua cabeça perguntar o que os outros estavam pensando. Se você se encontra em conflito

com alguém, tornar-se curioso em vez de brigar para estar certo pode lhe ajudar a descobrir suas realidades separadas.

3. Cultive interdependência

Muitas pessoas, mesmo quando se tornam adultas, perdem a conquista da independência. Elas permanecem dependentes, acreditando que os outros têm que sustentá-las e cuidar delas, e que os outros são responsáveis por seus sentimentos e bem-estar. Elas podem ainda temer a independência e pensar que, com isso, estão abandonando os outros ou sendo abandonadas. Sem alcançar autonomia, elas não podem conquistar a *interdependência*, um aspecto essencial para relacionamentos saudáveis.

Quando as pessoas nos procuram para terapia, parte do nosso trabalho é ajudá-las a crescer, pois praticamente todo problema envolve um contratempo no processo de crescimento. Ajudamos nossos clientes a crescer dando a eles um mapa. Nosso mapa representa um caminho que vai afastar você da dependência total que tem dos outros quando nasce. Em vez disso, vamos levá-lo em direção à autossuficiência e autonomia de pensamentos e ações, em que você será capaz de atender a suas próprias necessidades emocionais e físicas, além de conhecer quem você é. A partir da independência, você pode progredir para a *interdependência* com os outros, em que pode cooperar, dividir tarefas e apoiar/receber apoio. Ao seguir nosso mapa, você para de deixar que outras pessoas dirijam sua vida. Você pode aprender a decidir por si mesmo o que pensar, o que sentir e o que fará; pode fazer sua vida funcionar como desejar.

Para usar um mapa, e útil saber por onde você vai começar. Eis aqui uma atividade que lhe dará noção disso.

Atividade de conscientização: qual é a sua pontuação na lista de dependência?

Enquanto analisa as perguntas seguintes, pense em um relacionamento que você gostaria de mudar ou melhorar. Usando 0 para indicar "sempre", 5 para "nunca" e os números entre eles para as diferentes gradações de "algumas vezes", responda às perguntas de A até M.

O cuidado e a manutenção de relacionamentos saudáveis

A. Você evita dar ou receber ordens dos outros?
B. Você permite separar-se do seu parceiro? Tempo separado, interesses separados, amigos separados?
C. Você acredita que a felicidade dos outros depende deles?
D. Você diz o que pensa mesmo que isso possa aborrecer outras pessoas?
E. Você diz não para outras pessoas quando quer?
F. Você recorre a álcool ou drogas (inclusive prescritas) para sentir-se melhor?

Se você já está – ou se de repente se visse – por sua própria conta, até que ponto você pode – ou poderia – lidar com as seguintes questões?

G. Manter compromissos, promessas e reuniões.
H. Manter sua habitação, inclusive o que precisa ser feito diariamente para manter e cuidar de sua casa.
I. Manter a área externa de sua casa, inclusive tudo o que precisa ser feito para manter e cuidar do seu ambiente.
J. Encontrar e manter um trabalho.
K. Sua roupa lavada, necessidades de alimentar-se e vestir-se.
L. Seu transporte.
M. Suas finanças.

Agora, totalize seus resultados.

Se a sua pontuação para as questões de A até M é inferior a 26, você tem um grau saudável de independência e, provavelmente, uma boa quantidade de satisfação em sua vida.

Com uma pontuação entre 26-39, você é relativamente independente, mas poderia conquistar habilidades de individuação significativas com nosso livro.

Se sua pontuação está em 40 ou mais, você é altamente dependente. Talvez você se veja como vítima, carente de um senso de controle sobre sua vida, ou se sinta desconfortável e sem importância.

Qualquer que seja sua pontuação, este livro lhe ajudará a começar (ou a manter) o "seu próprio crescimento" e a reeducar sua criança interior que precisa se tornar um adulto independente – e, então, interdependente. Se você é sortudo por ter estudado a Disciplina Positiva, achará fácil ser um consultor em encorajamento, usando as competências que aprendeu para educar crianças de todas as idades para auxiliar sua criança interior a crescer. Isso é o que chamamos de Disciplina Positiva *Plus*.

Pouquíssimas pessoas foram criadas de acordo com nosso mapa. A experiência de Shelly pode ajudar você a ver com mais clareza como a sua aprendizagem na infância pode influenciar seus problemas atuais.

Quando era uma criança pequena, toda vez que Shelly tomava uma iniciativa de pensar por si mesma – desde decidir o que vestir quando se levantava pela manhã até como ela gastaria seu dinheiro de aniversário – ela era criticada, corrigida e instruída a fazer as coisas do "jeito certo". O "jeito certo", de acordo com seus pais, era o jeito deles. Eles não sabiam como encorajar a independência dela, nem se quisessem. Eles poderiam estar apenas colocando em prática o estilo parental de sua época. Talvez estivessem com medo de encorajar sua independência porque pensavam que isso significava que eles estavam negligenciando Shelly. Sua maneira de demonstrar amor era supervisionar todos os aspectos da vida dela.

Uma tarefa típica da fase da adolescência é a individuação – descobrir por si mesma o que ela pensa e sente. Quando Shelly começou sua individuação, seus pais entraram em pânico e puxaram ainda mais as rédeas, mantendo-a dependente deles. Eles tinham medo de que ela fizesse algo estúpido ou perigoso. Eles a convenceram de que sabiam o que era melhor para ela.

Algumas crianças se rebelam quando isso acontece. Outras, como Shelly, tornam-se submissas. Ela cedeu aos pais e ignorou quaisquer pensamentos e sentimentos que não fossem coerentes com os deles. Ela perdeu a confiança em suas decisões. Ela acreditava que alguém sempre sabia o que era melhor.

Ao tornar-se adulta, ela manteve o padrão de dependência, escolhendo relacionar-se com pessoas que diriam a ela o que fazer e como pensar. Ela temia confiar em seus próprios pensamentos e sentimentos, já que acreditava que estava sendo egoísta ou prejudicial quando ouvia a si mesma, especialmente quando os outros discordavam. Ela também não percebia que seus pais e seus parceiros tinham seus próprios medos e inseguranças. Eles tinham medo de que, se Shelly se tornasse mais independente, não precisaria deles. Ela poderia ir embora e nunca mais voltar.

Com grande parte da sua energia investida em manter os outros felizes, Shelly não podia crescer e alcançar a independência. Com o passar do tempo, ela permaneceu como uma criança no corpo de um adulto, lutando para lidar com problemas do mundo adulto. Ela não tinha autoconfiança ou competências para superar as dificuldades. Ela se sentia assustada, irritada e deprimida, mas mantinha tudo isso dentro de si mesma e começou a ter crises de pânico. Para ganhar a própria vida de volta, Shelly precisava encontrar uma maneira de se tornar mais independente, assim como aprender a tornar-se interdependente.

Para compreender melhor a dificuldade de Shelly (assim como as dificuldades de sua criança interior), imagine o seguinte: quando você reeduca sua criança interior, quer ter certeza de que é um consultor em encorajamento empoderador, e não permissivo. Mimar é fazer para os outros o que eles podem fazer por si mesmos. Pense na diferença entre empoderar e mimar observando o esquema a seguir.

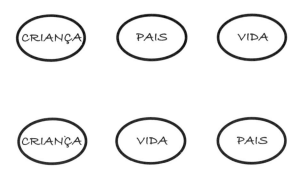

Na primeira linha, você percebe que os pais estão firmemente posicionados entre a criança e a vida, interferindo e protegendo. Na segunda fileira, o adulto ainda está presente, mas não entre a criança e a vida. Esses pais encorajadores sentem-se confortáveis ao deixar a criança aprender com seus erros, enquanto se mantêm disponíveis para ajudá-la a descobrir como lidar com as consequências desses erros e fazer as reparações necessárias. Em vez de intervir e resgatar, esses pais dão às crianças espaço para exercitarem seus músculos e crescerem a partir das dificuldades.

Shelly olhou para o diagrama e percebeu que tinha de encontrar uma maneira de deixar de ser tão dependente. Ela começou a participar de um *workshop* em que pôde praticar a mudança de seu comportamento em um ambiente seguro. Ela convidou seu namorado, Alex, para acompanhá-la. No *workshop*, os participantes foram convidados a experimentar algumas atividades que simulavam diferentes tipos de relacionamentos.

Nós fomos apresentadas pela primeira vez a essas atividades durante um *workshop* conduzido por John Taylor, um terapeuta Adleriano de Salem, Oregon. Nessa oportunidade, ele nos mostrou como ajudar as pessoas a aprenderem por meio de vivências em grupo. Seus exercícios demonstravam que, quando as pessoas aprendem com o coração, e não com a cabeça, elas aprendem mais rápido e retêm a informação por mais tempo. (Você pode encontrar muitas atividades experimentais nos manuais de treinamento e nos livros recomendados nos anexos.)

A primeira atividade mostrava como adultos dependentes se relacionam. Seguindo as instruções do facilitador, Alex ficou em pé atrás de Shelly, colocou seus braços sobre os ombros dela e pendurou-se em seu pescoço por trás. Juntamente com os outros participantes, eles tentaram caminhar pela sala. Perguntaram a ela qual era o sentimento de andar puxando alguém atrás de si. Ela respondeu: "Parece familiar em alguns aspectos. É assim que eu me sinto quando estou sempre tentando agradar Alex. Mas eu acho que me pareço mais com a pessoa pendurada sobre os ombros, porque realmente tenho medo de que, se não fizer o que Alex quer, ele me deixará. Meu ex-marido costumava me dizer que eu era um peso nos seus ombros. Eu aposto que era assim que ele se sentia."

Alex levantou a mão e disse: "Eu gosto de me sentir necessário, então estava desconfortável pendurado sobre os ombros de Shelly, mas sei que poderia arrastá-la por aí durante horas. Eu me sinto importante quando penso que alguém precisa de mim. Mas eu não quero terminar sustentando alguém. Eu posso ver como isso poderia acontecer se eu deixasse alguém depender muito de mim." Como "fardo", Alex também é dependente de Shelly quanto ao seu senso de importância, sabendo que ela está "dando suporte" a ele. Isso é chamado de *codependência*.

Um relacionamento de codependência resulta quando uma pessoa faz qualquer coisa para evitar que a outra viva a vida e as consequências disso. Um nome comum para isso é "mimar". Entretanto, nós usamos o termo "desencorajar" em seu lugar para traduzir os comportamentos que reduzem a coragem e fazem a pessoa parar de aprender e crescer com seus erros. Quando Shelly arrastou Alex pela sala, parecia que os dois estavam apaixonados e próximos. Mas, na verdade, Shelly estava fazendo todo o trabalho e impedindo Alex de ficar sobre seus próprios pés. Shelly não poderia prosperar e crescer, já que a maior parte de sua energia estava direcionada para sustentar Alex.

Atividade de conscientização: como é sair de um relacionamento de dependência

Comportamentos de dependência aparecem na sua vida? Assim como Shelly e Alex, provavelmente você tem estado inconsciente sobre muitos dos seus comportamentos desencorajados. Você pode pensar que é assim que os relacionamentos deveriam ser. Há algum relacionamento importante em que você seja tanto o "fardo" como o "carregador"? Tente essa atividade com um amigo, e depois pense sobre lugares e momentos em sua vida em que você teve pensamentos e sentimentos semelhantes aos que você experimentar neste exercício. Você pode se surpreender.

Para ter uma ideia de como é sair de um relacionamento dependente, imagine-se no *workshop* com Shelly e Alex enquanto executa a atividade a seguir. Melhor ainda, peça a um amigo para fazer as atividades com você a fim de que possa aprender "de dentro para fora", vivenciando (em vez de apenas imaginar) como poderia ser. Neste exercício, as pessoas inclinam-se para trás em direção aos braços estendidos de seus parceiros, mantendo seus corpos esticados, como uma tábua de passar. Os parceiros empurram as pessoas nessa posição pela sala, dizendo: "Eu vou deixar você seguir e sei que pode ficar em pé sobre seus próprios pés." Assim que os "carregadores" se sentem prontos, eles soltam. Quando os carregadores soltam, para surpresa da maioria das pessoas, ninguém cai ou sai da sala.

Na vida real, muitas pessoas nunca se desapegam porque acham que o outro vai se magoar ou abandoná-las. Não apenas isso não acontece, como geralmente as pessoas acabam se sentindo mais próximas. Elas veem opções que anteriormente não enxergavam.

Atividade de conscientização: vivencie a interdependência

Para ilustrar um relacionamento interdependente, imagine ou faça a seguinte atividade:

Duas pessoas estão em pé, de frente uma para a outra, a um braço de distância. Elas observam como é ter certa distância e permanecer sobre seus próprios pés sem o auxílio de ninguém. Elas estão juntas, perto o suficiente, ainda que longe o bastante para verem uns aos outros e a si mesmos. Essa posição simboliza um relacionamento independente, em que as duas pessoas são capazes de se manter sobre os próprios pés. Entretanto, elas também estão disponíveis para ajudar, torcer ou instruir umas às outras. Ter relacionamentos independentes é o primeiro passo em direção à interdependência. Se você pular essa fase da independência, você não progredirá para a interdependência.

Para ter uma ideia de um relacionamento interdependente, tente o seguinte com um parceiro: fique em pé a alguns passos do seu parceiro. Cada um de vocês vai girar devagar em torno de si mesmo para simular seus mundos separados. Quando ambos quiserem estabelecer uma conexão, estenda sua mão, seus olhos, ou sua voz para convidar o outro a se aproximar por um momento. Depois, quando ambos quiserem mais espaço, avise o outro que é hora de voltarem para seus próprios círculos. Repita esse processo de mover-se para perto e mover-se para longe até que você tenha a sensação de que, quando cada um de vocês faz suas próprias coisas, isso não significa que estão abandonando um ao outro. Você perceberá que a conexão é possível a qualquer momento.

Ao simular um relacionamento interdependente, você está praticando encorajamento. Ninguém permanece no caminho do outro. Ambos estão disponíveis para ajudar, orientar e apoiar um ao outro. Relacionamentos interdependentes expandem, em vez de limitar, quem você é.

4. Pratique comunicação mutuamente respeitosa

Respeito mútuo significa respeitar a si mesmo assim como aos outros. Respeito mútuo não é apenas a base para relacionamentos saudáveis, ele tem uma linguagem encorajadora própria. Quando você se comunica usando a linguagem do encorajamento, está seguindo o 4º caminho para relacionamentos saudáveis.

Faça reuniões regulares no trabalho e em casa

Quando todos estão encorajados a contribuir e participar da tomada de decisões, eles se sentem empoderados em vez de muito controlados. Uma das melhores maneiras de criar esse ambiente é manter reuniões agendadas regularmente. (Estas não são reuniões marcadas quando há uma crise ou quando uma pessoa decide, arbitrariamente, que é o momento.)

Comece a reunião com reconhecimentos, agradecimentos e apreciações. Pergunte aos presentes o que eles gostariam de colocar na pauta, ou consulte um caderno de pautas, caixa ou documento compartilhado nos quais as pessoas foram convidadas a incluir contribuições entre as reuniões. Depois de apresentar os itens da pauta em uma tabela, quadro ou tela de computador que todos possam ver, peça ao grupo para priorizar os tópicos e estabelecer um tempo para cada um. A seguir, peça a um voluntário para controlar o tempo. Se o tempo acabar antes de o item ser completado, peça aos participantes para definir se preferem dar mais tempo para a questão atual e guardar os demais pontos para uma próxima reunião, ou adiar a questão e seguir em frente.

Discuta cada tópico da agenda (salvo se a pessoa que colocou a questão sentir que esta já foi resolvida até o momento da reunião) sem culpa ou crítica, e trabalhem juntos para elaborar ideias para soluções. Elaborar ideias envolve produzir tantas sugestões quanto possível – rapidamente, sem julgamento ou avaliação. Se um problema for muito difícil de resolver em uma única reunião, abra a conversa para descobrir o que cada um pensa sobre a questão e adie assuntos para a próxima reunião agendada.

Sempre que possível, é melhor obter consenso antes de fazer mudanças. Se a unanimidade não for possível e a decisão precisar ser tomada, os membros do grupo podem comprometer-se com o seguinte: "Nós precisamos [fazer isso e isso] até que possamos chegar a um acordo com o qual todos possam conviver. Vamos manter a comunicação aberta e continuar nossas discussões até chegarmos lá." (Materiais mais aprofundados sobre reuniões de família e como você pode usá-las para transformar a atmosfera da sua casa, podem ser consultados em *Chores without wars*, de Lynn Lott e Riki Intner, ou *Solving the Mistery of Parenting Teens*, de Lynn Lott, Alicia Wang e Kimberly Gonsalves.)

Ouvir em vez de falar

Para desenvolver relacionamentos saudáveis e encorajadores, dedique um tempo ao aprendizado e à prática de *ouvir em vez de falar*. Essa estratégia de comunicação é a mais fácil de aprender, mas também pode ser a mais difícil de realizar! Tudo o que você tem a fazer é manter sua boca fechada enquanto alguém estiver falando. Você pode emitir sons que não requerem o movimento dos seus lábios, como "Hummm?", "Ummmm", "Awww". Você entendeu a ideia. Não argumente, não use o que a outra pessoa diz como um ponto de partida para você contar a sua história. Parece simples, mas a prática exige algum comprometimento de sua parte.

Praticar honestidade emocional

Praticar honestidade emocional ajudará você a entrar em contato com seus pensamentos e sentimentos, e lhe inspirará a ter coragem de expressá-los. Também ensinará você a ouvir os outros sem julgamento, crítica ou defesa. Há uma receita simples que você pode usar que facilitará a prática. Apenas preencha as lacunas de uma das duas afirmações seguintes: Eu sinto _____ porque _____ e gostaria _____; ou Você sente _____ porque _____ e você gostaria _____.

Naturalmente, há algumas dicas. O mais importante é ter certeza de usar uma palavra que nomeia sentimentos depois da palavra "sinto". (Ver o quadro "As faces dos sentimentos" na Semana 1). Lembre-se de que "tipo" não é uma expressão de sentimento! Assim como não são "como se" ou "que" ou "você" ou "ela". Expressões de sentimentos podem ser magoado, assustado, bravo, feliz, preocupado, etc.

O próximo segredo é abster-se de usar essa receita como uma forma disfarçada de colocar a culpa sobre como você se sente em outra pessoa. Dizer, por exemplo, "Eu me sinto triste porque você esqueceu meu aniversário e gostaria que você tivesse me dado um presente" soa como culpa. Você poderia refazer a frase como "Eu me sinto triste porque estava esperando uma surpresa ou um cartão em meu aniversário e gostaria que isso tivesse acontecido". Pode parecer um pequeno detalhe, mas na verdade é uma mudança de foco na frase, da sua afirmação para os seus sentimentos, que revela a verdade sobre você, em vez de culpar os outros e seus comportamentos.

Quando você usar a afirmação "Você sente...", lembre-se de que está apenas dando palpites sobre como a outra pessoa pode estar pensando ou se sentindo. Você não é vidente e não tem que estar certo. Na verdade, se você estiver errado, a pessoa com quem você está conversando irá, provavelmente, corrigi-lo, o que lhe ajudará a entender o que está acontecendo com ela. Eis um exemplo. O marido diz para sua esposa quando nota uma cara franzida: "Você está chateada porque a cozinha está uma bagunça e quer que eu a arrume sozinho", ao que ela responde: "Não, eu estou confusa porque deixei um prato de biscoitos no armário e eles não estão mais lá, e gostaria de saber o que aconteceu." O marido respondeu: "Eu escondi os biscoitos na geladeira para não comer todos eles." Ela gargalhou.

Usar a linguagem do encorajamento

A linguagem do encorajamento é formada por palavras e ações que desenvolvem, mantêm ou melhoram a experiência de autovalorização, impacto social, autonomia ou autoconfiança do outro. Você pode aprender a usar reconhecimentos, agradecimentos e respostas reflexivas/descritivas em vez de recompensas e críticas. Falar a linguagem do encorajamento pode parecer esquisito no início, mas com prática isso vai ajudar você a se tornar uma pessoa mais positiva.

Aqui estão alguns exemplos de linguagem do encorajamento que são tanto reflexivas como descritivas: "Eu sei que você tem seu próprio jeito de pensar sobre isso." "Você descobriu como resolver esse problema." "Como você se sente sobre isso?" "Conhecendo você, tenho certeza de que vai encontrar uma solução." "Confio no seu julgamento." "Você acaba de fazer exatamente o que disse que faria."

Eis agora a linguagem do encorajamento que expressa reconhecimentos e agradecimentos: "Obrigado. Isso ajudou bastante." "Eu sei que você queria continuar trabalhando em seu computador, mas agradeço por vir me ajudar a preparar o jantar." "Eu agradeço o modo como você participou e tornou meu trabalho muito mais fácil e divertido." "Eu notei que você passou muito tempo pensando nisso." "Veja o progresso que você fez ao limpar e organizar tudo aquilo." "Veja como você já foi longe; seu objetivo está ficando cada vez mais próximo."

Plano de ação: faça alguma coisa encorajadora

Para encorajar alguém na sua vida, pense em alguma coisa que você pode dizer ou fazer para:

1. Demonstrar confiança.
2. Expressar seus limites.
3. Ser amável.
4. Pedir ajuda.
5. Dar informação.

Se você estiver com dificuldade para pensar em exemplos, eis aqui algumas sugestões:

- "Eu sei que, quando é importante para você, você saberá o que fazer."
- "Vou esperar você por quinze minutos, e, então, se você não ligar ou aparecer, vou confiar que você está ocupado fazendo outra coisa e seguirei com o meu dia."
- "Você não está encrencado." "Eu te amo exatamente do jeito que você é."
- "Eu detesto lhe incomodar, mas certamente poderia usar a sua ajuda se você tivesse um tempo para mim na próxima hora."
- "Eu percebi que você prefere comer na frente da televisão. Alguma chance de escolhermos algumas noites para fazer isso juntos, e comermos à mesa o resto da semana?"

Lembre-se de que menos é mais

Praticar "menos é mais" convida ao diálogo e à proximidade. Técnicas de "menos é mais" incluem *dizer qualquer coisa em dez palavras ou menos; usar apenas uma palavra ou sinal;* e *escrever um bilhete no lugar de uma conversa cara a cara.* Você verá todas elas em ação na história a seguir.

Victoria cresceu pobre, na Flórida, ajudando seu pai na barraca de lembrancinhas à beira-mar depois da escola, nos finais de semana e durante o verão. Como uma menina pequena, ela observava os turistas abastados e felizes e, inconscientemente, tomou a decisão de que pessoas como ela não eram tão boas como aquelas pessoas que tinham dinheiro.

Agora, como adulta, casada com um dentista, ela vive uma vida de classe média em um bairro de classe média. Sua filha tem amizade com crianças cujos pais são médicos, advogados e empresários de sucesso. Sua decisão de infância de que ela era "menos que" torna difícil para Victoria sentir-se confortável perto das famílias em sua vizinhança. Ela está sempre um pouco apreensiva, com medo de não ser tão esperta como os outros pais, de que obrigatoriamente vai dizer alguma coisa estúpida mais cedo ou mais tarde, e que os outros têm mais elegância social.

Quando Victoria aprendeu sobre praticar comunicação mutuamente respeitosa em um programa da Associação de Pais e Mestres, pensou que isso poderia ajudá-la a fazer alguns amigos. Ela se sentia isolada e sozinha. Victoria decidiu assumir alguns riscos, expondo-se a algumas situações que ela vinha evitando. Quando Maryann e Martha a convidaram para ajudar a assar bolinhos para a festa de Halloween, ela deu o salto.

Victoria imaginou que deveria primeiro tentar *ouvir em vez de falar*. Enquanto Maryann e Martha conversavam sobre seus filhos, os professores, a política de ensino e seus casamentos, Victoria ficou quieta, contudo interessada. Para sua surpresa, as mulheres expressavam muitas das mesmas opiniões que ela tinha, mas que jamais declarou abertamente por medo de parecer estúpida. Era surpreendente o quanto Victoria se sentiu envolvida na conversa simplesmente mantendo seus lábios fechados, concordando com a cabeça e dizendo apenas "Mm. Ooh. Umhum. Uhuh".

Victoria descobriu que, quando aqueles à sua volta se sentiam ouvidos, eles também se interessavam em ouvir o que ela tinha a dizer. Quando Maryann perguntou a sua opinião a respeito da decisão da escola de suspender o pedido de doces durante o Halloween e fazer apenas brincadeiras em seu lugar, Victoria se sentiu desconfortável, mas respirou fundo e, experimentando a receita do folheto que ganhou durante a função na Associação de Pais e Mestres, disse: "Eu estou um pouco nervosa porque sou uma pessoa tímida."

Martha interveio, dizendo: "Bem, nós pensamos que você não gostava da gente porque está sempre muito quieta e saía correndo das reuniões antes mesmo de termos a chance de dizer oi."

"Desculpem-me se passei essa impressão. Eu tenho me sentido bastante isolada e preciso de amigos. Hoje está sendo especial para mim e espero que possamos fazer mais coisas juntas no futuro. Eu gostaria de saber se, algum dia, poderiam vir para tomar um café enquanto nossos filhos brincam depois da escola."

Victoria achou fácil conceder agradecimentos e reconhecimentos a Martha e Maryann, mesmo estando acostumada a ouvir elogios ou críticas de seu pai quando estava crescendo. Se seu pai gostava do que ela estava fazendo, ele dizia a ela "boa garota", mas quando estava zangado, ele dizia coisas como: "Você não consegue fazer nada direito? Nunca deixe dinheiro jogado no balcão enquanto está pegando o troco! Cadê o seu cérebro?"

Victoria disse a Martha que gostava do quanto ela era franca, e que gostaria de ser mais parecida com ela. Martha ficou corada e disse: "Eu estou sempre abrindo a minha boca e falando sem pensar." "Oh, não", disse Victoria,

"Você diz o que pensa e isso me ajuda a sentir mais confortável porque não tenho que adivinhar como você se sente."

Mesmo sendo calada e tímida em situações sociais, Victoria era o oposto em casa, falando sem parar sobre o que ela queria tanto de seu marido como de sua filha. Os dois balançavam a cabeça em concordância com ela, mas ambos estavam "surdos" para suas palavras. Victoria reconheceu que esse seria o lugar perfeito para testar o método *"menos é mais"*.

A opção *diga o que precisa em 10 palavras ou menos* foi um estalo que, imediatamente, apagou o vazio do rosto do seu marido que Victoria estava tão acostumada a ver. Quando Victoria pegou a mão de seu marido e disse apenas "A garagem está uma bagunça. Ajude-me a arrumar" (apenas oito palavras), ele de fato se levantou e dirigiu-se para a garagem.

Quando o telefone tocou e ele se distraiu, Victoria esperou até que ele terminasse a ligação, olhou em seus olhos, e tentou uma segunda variação, *usar apenas uma palavra*. Ela teve apenas que dizer "Garagem" e ele disse "Ah, é!", e saiu pela porta mais uma vez. Victoria estava chocada.

Ela decidiu usar um bilhete com sua filha, em vez de ficar se repetindo indefinidamente sem alcançar qualquer resultado positivo. Quando a filha colocou a chave na porta da frente, depois da escola, não pôde deixar de ver o bilhete pregado na porta: "Agasalho, mochila, sapatos, quarto". Victoria observou enquanto sua filha, com o bilhete e seu casaco, mochila e sapatos nas mãos, dirigia-se para o seu quarto.

Pouco a pouco, Victoria reconheceu que, quanto mais ela praticava comunicação mutuamente respeitosa na escola em projetos da Associação de Pais e Mestres, na sala de aula, ou com conhecidos na cidade, mais as pessoas pareciam gratas; elas ficavam felizes em encontrá-la, e claramente pareciam gostar dela. Os riscos que ela estava disposta a correr para mudar fizeram valer o esforço; ela se sentiu menos solitária e isolada.

Planos de ação para cuidar e manter relacionamentos saudáveis

Termômetro

Imagine um enorme termômetro no chão bem na sua frente. Você está em pé na ponta mais quente e alguém com quem você está se comunicando e tentando encorajar está em pé a meio caminho no termômetro. Sua tarefa é dizer coisas que trarão a pessoa para mais perto de você. Faça um comentário por vez e imagine em que direção a pessoa vai se mover após cada comentário: para longe de você, mais perto de você, ou permanecer exatamente no mesmo lugar. Se puder, encontre um amigo com quem você possa praticar.

Grant, um rapaz de 25 anos recém-casado, usou a atividade do termômetro para tentar descobrir por que Tracy, sua esposa há três meses, estava usando um tom tão hostil com ele. Ele perguntou se ela poderia ajudá-lo a fazer a atividade e explicou sobre o termômetro imaginário. Ela concordou, ainda que um pouco relutante.

Primeiro, Grant disse: "Eu não acho que você ainda me ame." Tracy deu um passo para trás. Grant continuou com um dos seus comentários favoritos: "Você nunca quer conversar sobre coisas sérias comigo." Tracy se moveu mais dois passos para trás. Frustrado, Grant disse: "Nós nunca deveríamos ter nos casado", ao que Tracy moveu-se por todo o caminho até o extremo mais frio do termômetro.

Grant estava com dificuldades para descobrir o que poderia dizer para trazê-la para mais perto. Ele começou: "Desculpe-me por ter tratado você mal ainda há pouco." Tracy deu um passo para mais perto. "Eu não consigo suportar se a gente não conversar. Eu sinto muita falta da sua amizade." Tracy deu mais um passo em direção a Grant. "O que eu posso fazer para melhorar isso?" Um passo a mais na direção de Grant. "Eu preciso ouvir você sem tentar consertar tudo e sem ficar tão na defensiva. Você pode me ajudar a melhorar isso?" Tracy parou em frente a Grant, sorrindo, e deu um abraço nele, dizendo: "Vamos tentar de novo."

Partida de tênis

Imagine um jogo de tênis. Pense em como seria entediante assistir se a bola nunca atravessasse de um lado para o outro por sobre a rede. Algumas vezes as conversas se parecem com isso – uma pessoa pega a bola da conversa e nunca para de falar. A outra pessoa escuta por um tempo e então divaga mentalmente, esperando uma pausa no monólogo. Se isso continua, o mais provável é que a comunicação desse casal vá se deteriorar em uma escuta de mentira enquanto a outra pessoa discursa.

Se você tem conversas que não são como partidas de tênis, em que a bola vai e volta sobre a rede, pode ser que esteja na hora de dizer para a pessoa que está segurando a bola: "Há alguma chance de tornarmos as nossas conversas mais parecidas com uma partida de tênis, em que a bola vai e volta sobre a rede em vez de permanecer apenas do seu lado? Eu realmente me importo com o que você tem a dizer, mas me vejo divagando e me perco quando não compartilhamos as trocas." Alguns casais têm um acordo em que, se um dos parceiros diz "partida de tênis", a outra pessoa vai parar de falar imediatamente.

Curiosidade

Ser curioso abre o diálogo, promove a compreensão e constrói o encorajamento muito mais rápido do que tentar endireitar outra pessoa ou consertar o problema dela com conselhos bem-intencionados.

Quando Lynn estava à procura de um novo médico, ela mencionou ao Dr. Lieu que gostaria de ver se eles se ajustariam bem. O médico disse muitas coisas que ela considerou como "vantagens". No entanto, depois de dizer que gostava de tomar todas as decisões como um time com seus pacientes, ele gastou quase uma hora conduzindo a conversa. Lynn teve que se perguntar se ele realmente poderia cumprir o que prometia; parecia que ele dizia uma coisa enquanto fazia o oposto. Um pouco mais de curiosidade e muito menos sermão de sua parte teria sido uma maneira e tanto de encorajá-la.

Nem tudo é sobre você

Isso é muito difícil para a maioria de nós. É importante parar de assumir tudo como se fosse pessoal e reconhecer que o que a outra pessoa diz é sobre ela mesma. Ser um ouvinte curioso, em vez de um respondedor defensivo, é profundamente encorajador para vocês dois.

Construir relacionamentos saudáveis consigo mesmo e com os outros é o caminho para o encorajamento e a terapia mais eficiente que há. Nós temos esperança de que você leia este capítulo muitas vezes para ajudá-lo a chegar lá.

CONCLUSÃO

NÃO HÁ LINHA DE CHEGADA

Parabéns! Você completou suas primeiras oito semanas de *Autoconsciência, aceitação e o princípio do encorajamento*. Nós dizemos "suas primeiras oito semanas" porque isso é apenas o começo. Temos certeza de que você vai querer continuar a crescer e mudar, e também manter vivo seu processo de autoconhecimento. Além disso, temos esperança de que você vá trabalhar para encorajar não apenas a si mesmo, mas também aos outros. Em uma passagem de Zen, um aprendiz fala: "Estou desencorajado. O que deveria fazer?" O mestre diz: "Encoraje os outros." Isso é o que os consultores em encorajamento fazem, e nós acreditamos que você tenha se tornado um deles.

Sinta-se livre para retornar às informações em nosso livro muitas vezes, à medida que você aprende alguma coisa nova cada vez que revê uma seção. Nós gostaríamos que nosso livro se tornasse um velho amigo com quem você sempre se sente à vontade, ou uma caminhada favorita que parece familiar, porém diferente cada vez que você a faz.

Você tem as informações necessárias para conquistar uma qualidade de vida maravilhosa, mas precisa assegurar-se de ter prática suficiente e exposição ao material para que continue a crescer.

Você pode estar se perguntando se é verdadeiramente uma nova pessoa. De alguma maneira, você é – as pessoas ainda o reconhecem, mas, a esta altura, você tem uma compreensão de si mesmo e de seus relacionamentos diferente daquela que tinha antes de começar esse processo de autoconhecimento. Você encontrou novas maneiras de pensar sobre si mesmo, os outros, a vida em geral. Você está vivenciando e expressando sentimentos de novas maneiras e pode estar se comportando de forma diferente. Enquanto essa mudança se apodera de você, ela move-se corpo abaixo, da sua cabeça para o seu coração, para suas entranhas e, finalmente, para os seus pés. Todos os seus pensamentos, sentimentos e ações refletem um novo você.

Nosso objetivo tem sido dar a você informação em partes simples e práticas. Pode parecer que estamos sugerindo a mudança por meio de uma fórmula, e, de muitas maneiras, nós realmente acreditamos que usar uma receita no início transforma um processo assustador em algo mais administrável. À medida que você aplica este material, perceberá que essa receita oferece uma linguagem que você pode usar para comunicar o que está acontecendo dentro e fora de si, em conjunto com uma nova maneira de conversar sobre suas questões e seus problemas. Este poderia ser apenas mais um livro de autoajuda em sua estante, ou poderia ser como um melhor amigo. O que fará a diferença é sua intenção. Observe como Jack, Laura e Helen juntaram as informações deste livro para criar grandes mudanças em suas vidas.

Jack e Laura

Apesar de o casamento de Jack e Laura ser civilizado e não abusivo, havia muitas decepções e mágoas para eles continuarem juntos. Ambos decidiram que um divórcio por mediação seria a melhor opção para salvar o que quer que tivesse restado de seu relacionamento. Jack e Laura trabalharam com o material deste livro por muitos anos. Quando chegou o momento das negociações finais na mediação de seu divórcio, eles se sentiram travados e, apesar de seus esforços para manter o processo respeitoso, tudo estava desmoronando. Na superfície, a questão parecia ser sobre dinheiro, mas tanto Jack como Laura sabiam de algo mais. Eles só não conseguiam identificar qual era a grande questão entre eles. Laura sugeriu que eles revisassem o material do livro.

Quando releram o material apresentado na Semana 6, eles estavam prontos para destravar. Ambos aceitaram escrever uma memória de infância para procurar suas questões mais profundas. Usando os métodos descritos no capítulo, Jack percebeu que queria que a mulher mais importante de sua vida o reconhecesse, dissesse que ele fez um ótimo trabalho e lhe assegurasse de que ela estaria disponível para confortá-lo, mesmo após o divórcio. Ele estava adiando o processo por medo de que todos aqueles anos fossem um desperdício, de que o rompimento seria um tudo ou nada, e que ele nunca mais veria Laura novamente. Laura garantiu que ele tinha feito um excelente trabalho sustentando a família, que ele era importante e que ela esperava que eles pudessem permanecer amigos – ajudando um ao outro quando necessário ou mesmo se encontrando para uma refeição de vez em quando.

As questões de Laura eram diferentes. Ela estava magoada porque Jack nunca perguntou o que ela queria. Quando ela usou a "varinha mágica" para mudar sua memória, descobriu que gostaria que Jack tivesse perguntado o que ela queria, e, dentro do possível, que ele tivesse atendido seus desejos. Jack tinha estado tão ocupado tentando adivinhar o que seria a coisa certa a fazer que nunca ocorreu a ele perguntar diretamente a Laura o que ela desejava. Quando ela lhe disse o que queria, ele falou: "Não há nada que você esteja pedindo que eu não possa lhe dar. Seus pedidos são bastante justos."

Helen

Helen, uma planejadora financeira bem respeitada, estava trabalhando em um plano de negócios que estava dando em nada. Para ajudá-la com suas questões atuais, ela voltou às memórias da primeira infância para reunir informações sobre o passado. A memória que ela revelou, de plantar um jardim com seu pai, estava cheia de informações sobre o que gostava ou não, e isso ajudou a levar seu plano de negócios adiante.

Na memória, o pai de Helen disse a ela que o jardim poderia ter três fileiras; ele escolheria as flores para duas delas e ela poderia decidir o que colocar na terceira. Ele colocou amor-perfeito em uma fileira e cravo na outra, e ela escolheu véu-de-noiva para a terceira. Ela não gostava de amor-perfeito porque eram flores muito desorganizadas, vinham em muitas cores e sempre precisavam de limpeza no solo. Os cravos eram bons, uma vez que a folhagem produzia flores cheirosas, mas, para uma menininha de 3 ou 4 anos, era torturante ter que esperar dois anos para que a planta florescesse. Ela achava que as mudas de véu de noiva eram as melhores, pois cresciam rápido, eram férteis, todas de uma única cor quando floresciam, manejáveis e precisavam de pouca ou nenhuma limpeza do solo.

Helen percebeu que as flores representavam os três tipos de clientes com quem ela estava trabalhando; atualmente, ela tinha muitos "amores-perfeitos".

Seu novo plano de negócios reduziria o número de "amores-perfeitos" – aqueles clientes desorganizados, espaçosos e que exigiam atenção excessiva – e aumentaria o número de "véus-de-noiva". Estas eram as pessoas que não a importunavam, ouviam o que ela tinha a dizer, não eram pegajosas, tinham opiniões semelhantes sobre administração financeira e não culpavam os outros.

Por último, mas não menos importante

O título deste livro dá ênfase a fazer seu próprio trabalho. Por ora você percebeu que a única pessoa que pode mudar é você mesmo. Mas, ao mesmo tempo, você é parte de alguma coisa maior que você, e nunca está verdadeiramente sozinho. Quanto mais você ajudar os outros a se sentirem encorajados, mais vai melhorar sua qualidade de vida.

Uma peça escrita por uma participante de um retiro expressa isso perfeitamente. Os participantes foram convidados a entrar em um bosque atrás da casa de Lynn, em Lake Tahoe, para encontrar uma árvore com quem "comungar". No início, eles acharam a atividade boba, mas foram em frente apesar disso. Algumas das poesias e imagens que resultaram dessa atividade são verdadeiramente inspiradoras, mas acreditamos que a escrita de Celeste Sholl captura perfeitamente nossos pensamentos sobre estar separado mas não sozinho. (Obrigada, Celeste, por seus pensamentos inspiradores e por sua disponibilidade para compartilhá-los com os outros.)

O crescimento da árvore

"Árvores são como pessoas. Eu sou como você. Eu não poderia ter crescido grande e alta, inteira e linda, se estivesse no meio de uma moita de árvores. Eu me tornei grande e completa porque tenho alguma individualidade.

Mas eu também sou grande e linda porque estou na floresta em comunidade com minhas companheiras árvores. Pense naquelas pobres desafortunadas que crescem sozinhas em um cume. A vista é maravilhosa e o sol é quente, mas elas não têm proteção contra os elementos e logo se tornam 'árvores de vento', desformes e raquíticas, com todos os seus galhos virados para um lado só, aprendendo a tentar superar mais uma tempestade.

Você foi destinado a ser você mesmo; não seja dependente, mas interdependente. Você florescerá melhor em comunidade com outras pessoas. Não se isole em um cume. Seja parte da floresta."

ANEXO 1

ATIVIDADES DE CONSCIENTIZAÇÃO E PLANOS DE AÇÃO

Introdução: Não é magia - é ação!

Atividade de conscientização: como os estilos parentais impactam sua criança interior   xx

Plano de ação: use encorajamento para conversar com sua criança interior nesta semana   xxi

Plano de ação: encorajamento para começar   xxi

Semana 1: Você pode mudar, se assim desejar

Atividade de conscientização: quando sua autoestima foi danificada   3

Atividade de conscientização: sua criança interior é quem dá as ordens?   5

Plano de ação: palavras de encorajamento   7

Atividade de conscientização: qual é o meu melhor jeito para mudar?   10

Atividade de conscientização: mudar ou não mudar? Pergunte aos meus polegares!   11

Plano de ação: afirmativo? negativo?   11

Atividade de conscientização: rótulos da infância   15

Plano de ação: meus passos para a mudança   17

Atividade de conscientização: desatando a bola de pelos da depressão   18

Semana 2: Como você se tornou você - Natureza? Criação? Não!

Atividade de conscientização: qual é a influência do estilo de educação dos seus pais? 25

Atividade de conscientização: qual foi a influência do seu ambiente de infância? 26

Atividade de conscientização: qual foi a influência da sua atmosfera familiar? 26

Atividade de conscientização: qual foi a influência dos seus valores de família? 28

Atividade de conscientização: qual foi a influência da personalidade dos seus pais? 29

Atividade de conscientização: qual foi a influência do relacionamento dos seus pais? 31

Atividade de conscientização: qual foi a influência do estilo parental de seus pais? 36

Plano de ação: familiarize-se com sua criança interior 37

Semana 3: Como você se tornou você - O que seus irmãos têm a ver com isso?

Atividade de conscientização: a torta da sua família 40

Atividade de conscientização: a regra dos cinco 47

Plano de ação: ordem de nascimento em ação 52

Atividade de conscientização: com quem você se casou? 54

Semana 4: O seu comportamento está operando a seu favor?

Atividade de conscientização: decifrando o código do mau comportamento 58

Atividade de conscientização: tente você mesmo os passos 1 e 2 65

Atividade de conscientização: comportamentos úteis e inúteis de quando você era criança 69

Atividade de conscientização: qual é o objetivo do seu "diagnóstico"? 70

Plano de ação: usar encorajamento em tempo real 70

Plano de ação: atividade Pessoas ajudam pessoas a resolverem problemas (PAP) passo a passo 73

Anexo 1

Semana 5: Tartarugas, águias, camaleões e leões - Oh, céus!

Atividade de conscientização: qual animal é você?   80
Atividade de conscientização: como usar o quadro de *top cards*   86
Atividade de conscientização: reduzir o estresse   86
Plano de ação: encare seu medo   89
Plano de ação: respostas proativas aos comportamentos do *top card*   90
Atividade de conscientização: vantagens e desvantagens dos *top cards* e passos para a melhoria   99
Plano de ação: seja assertivo   101
Atividade de conscientização: frases de para-choque e perfis pessoais dos *top cards*   101

Semana 6: Encontre o "tesouro" escondido nas suas memórias de infância

Atividade de conscientização: começar o seu trabalho com memórias de infância   109
Atividade de conscientização: tente outra abordagem para o trabalho de memória   113
Plano de ação: tente estas ferramentas para destravar   120
Atividade de conscientização: quando sua autoestima foi danificada   125
Atividade de conscientização: outras maneiras para trabalhar com suas memórias   125

Semana 7: Como pensar, sentir e agir como uma nova pessoa

Atividade de conscientização e plano de ação: use os círculos "pensar, sentir e agir" para encorajar a si mesmo   130
Plano de ação: reescreva suas crenças   137
Plano de ação: mude pensamentos com afirmações   137
Plano de ação: sinta seus sentimentos – não pense neles   141
Atividade de conscientização: os dez dedos da raiva   144
Plano de ação: mude seus pensamentos, sentimentos e ações com estes passos fáceis   154

Semana 8: O cuidado e a manutenção de relacionamentos saudáveis

Atividade de conscientização: seu relacionamento é saudável?   160

Atividade de conscientização: classifique as qualidades do seu relacionamento   162

Atividade de conscientização: seu relacionamento é vertical ou horizontal?   167

Atividade de conscientização: você é competitivo?   169

Atividade de conscientização: torne-se consciente das realidades separadas   171

Atividade de conscientização: qual é a sua pontuação na lista de dependência?   172

Atividade de conscientização: como é sair de um relacionamento de dependência   177

Atividade de conscientização: vivencie a interdependência   177

Plano de ação: faça alguma coisa encorajadora   181

Planos de ação para cuidar e manter relacionamentos saudáveis   184

ANEXO 2

LIVROS E MATERIAIS PARA AJUDAR VOCÊ A SER BEM-SUCEDIDO COMO UM CONSULTOR EM ENCORAJAMENTO E DISCIPLINA POSITIVA

Chores Without Wars, de Lynn Lott e Riki Intner.

Conhecer-se é amar a si próprio, de Lynn Lott, Marilyn Kentz e Dru West.

Disciplina Positiva em sala de aula, de Jane Nelsen, Lynn Lott e H. Stephen Glenn.

Disciplina Positiva para adolescentes, de Jane Nelsen e Lynn Lott.

Positive Discipline A-Z, de Jane Nelsen, Lynn Lott e H. Stephen Glenn.

Positive Discipline for Parenting in Recovery, de Jane Nelsen, Riki Intner e Lynn Lott.

Positive Discipline in the Classroom – DVD's and Study Guide, de Jane Nelsen e Lynn Lott.

Seven Steps on the Writer's Path, de Nancy Pickard e Lynn Lott.

Solving the Mystery of Parenting Teens, de Lynn Lott, Alicia Wang e Kimberly Gonsalves.

Teaching Parenting – DVD's and Study Guide, de Jane Nelsen e Lynn Lott.

Teaching Parenting the Positive Discipline Way, de Jane Nelsen e Lynn Lott.

Procure produtos de apoio adicionais em: www.positivediscipline.com, www.pd-home.org, www.amazon.com, www.amazon.cn e www.dangdang.com, em especial o baralho *Disciplina Positiva para educar os filhos*, de Jane Nelsen e Adrian Garcia.

ÍNDICE REMISSIVO

A

Aborrecimento 63
Ação encorajadora 181
Aceitação xiv, 1, 24, 39, 54
Ações 11, 105, 129, 155
Adolescente 69, 116
Agir com o seu *top card* 88
Agradar 88, 95, 103
Águias 91, 93
Alfred Adler xv
Ambiente 23, 25
Amigos 156
Amizades 114
Analise a sua realidade 120
Ansiedade 2, 17
Apreciação 57
Aprender com suas doenças 146
Aprendiz 9
Aprendizado vivencial xix
Árvore da Disciplina Positiva xv
Ataque de birra 128
Atitude 133
Atitude curiosa 138
Atmosfera familiar 26
Autoconhecimento 187
Autoestima 3, 125
Autoridade 158

B

Bagagem pessoal 169
Base no encorajamento 157

Bebê 45
Bem-estar mental, emocional e
     físico 157

C

Caçula 46
Caderno de memórias 126
Camaleões 91, 95
Caminho dos sentimentos para a
     mudança 140
Caminhos que conduzem a
     relacionamentos saudáveis
     164
Codependência 176
Começar pelo começo 1
Como pensamentos, sentimentos e
     comportamento se ajustam
     na vida real 149
Compaixão 68
Comportamento 57, 158
Comportamento desencorajado 58
Comportamento habitual 128
Comportamentos úteis e inúteis 69
Compreensão de si mesmo 187
Comunicação 148
Comunicação mutuamente
     respeitosa 178
Conexões 128
Conforto/evitar 88, 91, 103
Conscientização xiv, 54
Consultor em encorajamento xiii,
     71, 79, 187

Controle 88, 93, 103

Cooperação 162
Coragem 21
Crenças 137
Crenças de infância 24
Crenças fundamentais 114
Crescimento da árvore 190
Criança 43
Criança interior xx, xxi, 5, 7, 37, 55, 111
Criança pequena 107
Crises de depressão 140
Crítica xx, 180
Crítica e ridicularização 80, 83
Cuidar e manter relacionamentos saudáveis 184
Cultive interdependência 172
Curiosidade 186

D

Decifrando o código do mau comportamento 58, 59
Decisões 50
Decisões de infância 110
Decisões inconscientes 23, 111
Dedos da raiva 144
Defesa 180
Depressão 2, 18
Desejo xiv
Desencorajamento 63
Desfechos 156
Diferença entre pensamentos, sentimentos e ações 129
Disciplina Positiva xv, xvii, 32, 63, 72, 139
Disciplina Positiva em sala de aula 99
Distúrbio psicológico 52

E

Elogio xx
Encorajamento xxi, 70, 71, 78

Encorajar a si mesmo e aos outros 127
Enfermidade 146
Escolhas xiv
Espiritualidade 114
Estilo parental de seus pais 36
Estilos parentais xx, 31, 33, 34
Estresse 79, 86
Estresse e dor 80, 85
Experiência 111
Experiência profissional 114

F

Faces dos sentimentos 19
Família 47, 156
Ferramentas para destravar 120
Filho do meio 53
Filho único 50
Firme e gentil 165
Flashback 123
Frases de para-choque 101, 102

G

Genética 23

H

Habilidades/competência 58
Habilidades sociais 52
Hereditariedade 23, 37
História pessoal 49
Honestidade emocional 96, 180

I

Iceberg 5
Ideias 113
Importância 24, 39
Impotência 67
Independência 172
Influência do estilo de educação dos seus pais 25
Influência do seu ambiente de infância 26

Índice remissivo

Influência dos seus pais 24
Insignificância e irrelevância 80, 84
Interdependência 172
Interpretação equivocada 66

J

Jane Nelsen 73, 86
Jardim da infância xviii
Jardim da infância emocional xviii
John Taylor 176
Julgamento 180
Julgar sentimentos 143
Junte tudo 116
Justiça/imparcialidade 57

L

Leões 91, 97
Lidar respeitosamente com a raiva 145
Linguagem do encorajamento 181
Lógica pessoal 110

M

Maioridade 51
Maneira proativa 66
Maneiras de pensar, sentir e agir 127
Melhorar os relacionamentos 78
Memória(s) 107, 108
Memória compartilhada 110
Memória mais antiga 125
Memórias de infância 105, 126
Menos é mais 182
Modelo da doença xvii
Modelo de desconforto xvii
Modos adicionais de ajustar seu pensamento 133
Mudança(s) 13, 14
Mudanças de comportamento 129

Mudanças de vida 188
Mudanças dos pensamentos 129, 137
Mudanças verdadeiras 157
Mudar ou não mudar? 11
Mudar suas atitudes para encorajar a si mesmo 147

N

Nem tudo é sobre você 186

O

Obstáculos da mudança 9
Ordem de nascimento em ação 52
Outra abordagem para o trabalho de memória 113
Ouvir em vez de falar 179, 183

P

Palavras de encorajamento 7
Parentalidade gentil e firme 32
Partida de tênis 185
Passos para a mudança xiv, 17
Pensamento(s) 11, 105, 133, 154
Pensamento mágico 135
Pensamentos conscientes 4
Pensar, sentir e agir" para encorajar a si mesmo 130
Pequenos passos 11, 16
Perfis pessoais dos *top cards* 101, 103
Perguntas curiosas 139
Pergunte à sua criança interior o que ela precisa 120
Personalidade 23, 39, 48, 79
Personalidade de seus pais 29
Pessoas ajudam pessoas a resolverem problemas (PAP) 73
Poder/controle 57
Possibilidades 155
Primogênito 41

Problemas do passado 121
Processo de autoconhecimento
187

Q

Qualidade de vida 187
Qualidades de um relacionamento
saudável 161

R

Raiva 64
Reação 65
Realidades separadas 171
Reciprocidade 162
Reconhecimento 57
Recordações 108
Rejeição e aborrecimento 80, 82
Relacionamento(s) 78, 135, 157
Relacionamento de dependência
177
Relacionamento dos seus pais 30
Relacionamento nocivo 163
Relacionamento saudável 162,
163
Relacionamentos horizontais 166
Relacionamentos horizontais
versus relacionamentos
verticais 165
Relacionamentos íntimos 114
Relacionamentos verticais 166
Responsabilidades parentais 51
Respostas proativas aos comporta-
mentos do *top card* 90
Reuniões regulares no trabalho e
em casa 178
Rivalidade entre irmãos 41
Rotinas 156
Rótulos da infância 15
Rudolf Dreikurs xv

S

Segundo filho 44
Sentimento(s) 11, 105, 140, 154
Sentimento de raiva 128
Sentimento de vergonha 128
Soluções rápidas 17
Sonhos 156
Supercompensação 124
Superioridade 88, 97, 103

T

Tarefas domésticas 51
Tartarugas 90, 91
Tempo para treinamento 101
Termômetro 184
Tesouro escondido de suas
memórias 125
Top card 79, 96
Torta da sua família 40, 54
Trabalho de memória 113, 125
Trabalho de memórias de infância
110

U

Usos adicionais para memórias de
infância 119

V

Valores 105
Valores da família 28, 42
Valores dos pais 27
Vantagens 186
Vantagens e desvantagens dos *top
cards* 99
Varinha mágica 121, 126
Verticalidade dos relacionamentos
164
Vivenciar a interdependência 177